Inspiriert durch

Anthony William

108 Rezepte

*vegane, glutenfreie, sojafreie
& zuckerfreie Rezepte für
Frühstück, Hauptmahlzeiten, Desserts &
Getränke*

Die hier vorgestellten Informationen, Rezepte und Ratschläge sind nach bestem Wissen und Gewissen geprüft. Dennoch übernimmt die Autorin keinerlei Haftung für Schäden irgendeiner Art, die sich direkt oder indirekt aus dem Gebrauch dieser Informationen, Tipps, Rezepte und Ratschläge ergeben. Im Zweifelsfall holen Sie sich bitte ärztlichen Rat ein.

WIDMUNG

Dieses Buch widme ich Spirit und Anthony William, denen ich an dieser Stelle von Herzen Danke sagen möchte.

Außerdem widme ich dieses Buch meinem Partner Tim, der mir treu zur Seite steht und Danke ihm für all seine Hilfe, Liebe und Geduld.

Selbstverständlich widme ich dieses Buch auch allen Menschen, die Heilung suchen und sich gesund ernähren wollen.

INHALT

DESSERTS & SÜßSPEISEN

HERZHAFTE SPEISEN

GETRÄNKE

TIPPS UND IDEEN

Zeichenerklärung

Alle Rezepte in diesem Buch sind frei von den "No Go" Lebensmitteln, die in Mediale Medizin unter "Was Sie besser nicht essen" aufgelistet sind. Menschen mit starken Symptomen sollten laut Anthony William aber auch Fette reduzieren. Außerdem sollten sie ganz auf Getreide (auch Reis, Hirse und glutenfreien Hafer) und auf die nicht idealen Lebensmittel wie zum Beispiel Kakao und Essig verzichten. Um es dem Leser zu erleichtern entsprechend passende Rezepte zu finden sind die Rezepte im Inhaltsverzeichnis gekennzeichnet.

❤ : Rezept ist weitestgehend fettfrei oder fettarm. Es enthält keine zusätzlichen Öle, keine Samen, Nüsse, und keine Avocado. Außerdem enthält es auch kein erlaubtes Getreide oder Ausnahme Lebensmittel wie Kakao oder Essig. Es ist also, nach den Empfehlungen von Anthony William auch für sehr kranke Menschen geeignet. Häufig sind die Rezepte die im Inhaltsverzeichnis mit dem Herz gekennzeichnet sind in zwei Varianten vorhanden, also mit und ohne Fette.

🌾 : Rezept enthält erlaubtes Getreide wie Hirsemehl, glutenfreies Hafermehl oder Mehl aus braunem Reis.

Kein Zeichen: Rezept enthält Zutaten wie zum Beispiel Fette durch Samen, Nüsse, Avocado oder Öl. In sehr wenigen Ausnahmen auch mal Essig oder Kakao für die ganz symptomfreien Leser.

„Eure Nahrungsmittel sollen eure Heilmittel

und eure Heilmittel sollen eure Nahrungsmittel sein! "

(Hippokrates)

Vorwort

Anthony William hat mein Leben sehr verändert. Ich war jahrelang krank und hatte keine Hilfe bei Ärzten gefunden. Im Gegenteil, es wurde immer schlimmer. Eines Tages lernte ich das Wissen von Anthony William kennen und konnte mich dadurch selber diagnostizieren.

Mir wurde schnell klar, dass meine mysteriösen Symptome von dem Epstein-Barr-Virus ausgelöst wurden. Ich wollte mich also von nun an so verhalten, wie Anthony William es bei Epstein-Barr-Virus empfiehlt.

Jeden Morgen trank ich also auf leeren Magen **Selleriesaft** In einem Entsafter bereitete ich ihn mir täglich frisch zu, da er sofort getrunken werden muss, denn er reagiert mit Sauerstoff und verliert so seine Wirkung.

Der Selleriesaft hat mir sehr geholfen, die Viren zu töten und mein Blut und meine Organe zu entgiften. Außerdem hat er meinen Magen und Darm geheilt. Die Ärzte hatten mir eine Fructoseintoleranz diagnostiziert: „Essen Sie wenn überhaupt nur ganz wenig Früchte!" Daran hielt ich mich auch, was Grund dafür war, dass es mir immer schlechter ging. Stattdessen aß ich mehr Getreide, Milch und Eier. Ich tat also das Gegenteil von dem, was nötig gewesen wäre, um zu heilen. Ich glaubte den Ärzten in diesem Fall auch, da ich tatsächlich bei manchen Früchten große Schmerzen im Magen bekam, wenn ich sie aß. Nach dem ich den Selleriesaft einige Wochen täglich getrunken hatte und mich an die anderen Angaben gehalten hatte, verschwand dieser Schmerz allmählich völlig. Ich konnte plötzlich eine ganze Melone essen, ohne Schmerzen zu haben, was vorher undenkbar war. Der Selleriesaft erhöht die Salzsäure im Verdauungstrakt, die extrem wichtig ist für eine gute Verdauung. Jeden Morgen trank ich also meinen Selleriesaft und wartete dann mindestens eine halbe

Stunde, eh ich etwas Anderes zu mir nahm, damit der Selleriesaft gut wirken konnte.

Danach machte ich mir täglich einen **Detox-Smoothie,** so wie ich es von Anthony William gelernt hatte.

- 2 Bananen
- 2 Tassen wilde Blaubeeren
- 1 Tasse Koriander
- 1 TL Gerstengras Pulver
- 1 TL hawaiianische Spirulina
- 1 kleine Handvoll Atlantic Dulse
- das Ganze füllte ich mit Orangensaft auf und mixte es zu einem Smoothie.

Und nach einigen Wochen.... WOW!!! Etliche der Symptome, die mich schon seit langer Zeit sehr quälten verschwanden plötzlich völlig. Meine Arme fühlten sich nicht mehr an wie Blei, die Taubheit verschwand, das Restless-legs-syndrom verschwand und ebenso das schreckliche Gefühl, dass Ameisen unter meiner Haut krabbeln. (Zeitgleich nahm ich das von Anthony William empfohlene Vitamin B 12 Präparat, da es geschädigte Nerven heilt.) Anthony William erklärt, dass dies Nervenschäden sind, die durch Vergiftung auftreten. Außerdem sagt er, dass Viren sich einerseits von Giften ernähren, (weswegen man den Detox-Smoothie trinken sollte um alle Gifte aus seinem Körper zu entfernen). Andererseits scheiden Viren Neurotoxine aus, die solche Nervenschäden hervorrufen können. Aber Gifte im Körper sind laut Anthony William nicht nur Futter für Viren, sie schädigen unsere Nerven und Organe auch ohne, dass eine Viruslast vorliegt. Zum Beispiel kenne ich eine Frau, die jahrelang unter Parkinson litt, sie hatte nach einigen Wochen Detox-Smoothie nach Anthony William schon einen signifikanten Rückgang der Symptome.

Um die mobilisierten Gifte aus dem Körper auszuleiten, trank ich jeden Tag wie vorgeschrieben **Zitronenwasser.** Dafür presste ich eine Zitrone aus pro 500-1000 ml Wasser. Die Zitrone macht das Wasser wieder lebendig und gut verfügbar für unsere Zellen. Die meisten von uns sind chronisch dehydriert. Das Wasser aus der

Leitung und dem Geschäft ist „totes Wasser" Die Zitrone aktiviert das Wasser wieder, so Anthony William.

Und da er mich nach jahrelangem Leiden mit seinem Wissen gerettet hatte, glaube ich natürlich, dass er weiß wovon er spricht. Da ich absolut überzeugt war, hielt ich mich auch an seine anderen Vorgaben.

Lebensmittel die ich nicht mehr aß:
Ich aß keine Eier, Milch, Getreide, Mais, Rapsöl, fetten nicht-Bio Fisch, Schweinefleisch und anderes fettes Fleisch mehr.

Lebensmittel die ich regelmäßig aß:
Dafür aß ich ganz viel Obst und Gemüse, besonders die Dinge die Viren abtöten sollen wie Ingwer, Zwiebeln, Knoblauch, Banane, Thymian, Oregano….

Aber was konnte ich sonst noch essen? Ich war gewohnt Brot, Brötchen, Müsli, Eier, Milch, Pfannkuchen, Lasagne, Nudeln, Pizza, Kuchen und Ähnliches zu essen. Das fiel plötzlich alles weg. Durfte ich wirklich kein Brot, Pizza und Kuchen mehr essen? Ist Getreide wirklich so schlecht?

Getreide Ja oder Nein?
Laut Anthony William sollte man ganz auf Weizen, Dinkel, Roggen und Co. verzichten. Viren ernähren sich davon. Nur ein Brötchen hält viele wochenlang die Eppstein-Barr-Viren weiter am Leben, außerdem ist das Gluten darin für unseren Organismus schädlich. Es gibt allerdings „gute Getreidesorten" die Viren nicht nähren. In der Heilungsphase sollte aber besser alles Getreide gemieden werden. Danach können „gute Getreidesorten" verwendet werden.
„Gute Getreidesorten" sind: Hirse, glutenfreier Hafer, Quinoa und brauner Reis.

Ich befand mich gerade am Anfang meiner Heilung, sollte also ganz auf Getreide verzichten. Was also konnte ich essen, außer Obst und Gemüse? Mit der Zeit fand ich tolle Möglichkeiten sich gesund, sättigend und abwechslungsreich zu ernähren und gleichzeitig die Ratschläge von Anthony William einzuhalten. In diesem Buch habe ich viele dieser leckeren Rezepte zusammengestellt.

In den Rezepten wird auf die „No Go" Lebensmittel verzichtet, die Anthony William unter "Was Sie besser nicht essen" auflistet. Ich möchte an dieser Stelle jedoch kurz einige andere Zutaten ansprechen, die je nach Konstitution nicht ideal sind. Darunter zählen Essig und Kakao. Essig sollte nur in sehr geringem Maße konsumiert werden, er kann generell auch durch Zitrone ersetzt werden. In diesem Buch gibt es drei Rezepte mit Essig, wer Leber oder Darmprobleme hat, lässt bei diesen Rezepten einfach den Essig weg. Ich habe sie mit aufgenommen, da dieses Buch nicht ausschließlich für Menschen mit einem Leber- oder Darmschaden geschrieben wurde. Außerdem habe ich so die Gelegenheit, nochmal dafür zu sensibilisieren was gesund ist und was nicht. Denn viele Menschen die ihre Ernährung aufgrund von Informationen durch Anthony William umgestellt haben verzichten „nur" auf die Lebensmittel die in „Mediale Medizin" unter „Was Sie besser nicht essen aufgelistet sind. Sprich sie lassen Mais, Soja, Canolaöl, raffinierten Rübenzucker, Eier, Milchprodukte, Schweinefleisch, Fisch aus Aquakultur, Gluten, Glutamat, natürliche Aromen, künstliche Aromen, Süßstoffe und Zitronensäure weg. Das ist auch schon eine sehr große Leistung und wunderbar für die Heilung. Dennoch gibt es einige weitere Dinge, die bei bestimmten Konstitutionen auch weggelassen werden sollten bzw. die generell nur in geringen Mengen konsumiert werden sollten. Darunter der Essig. Essig, so Anthony William kann die Leber bei zu großem Konsum angreifen und den Darm reizen. Bei Leber- und Darmproblemen sollte also ganz auf Essig verzichtet werden. Gleichermaßen enthält dieses Buch einige wenige Rezepte mit Kakao. Er ist kein „No Go" Lebensmittel und durfte deswegen in diesem Buch mit aufgenommen werden. Aber auch hier möchte ich sensibilisieren und darauf hinweisen, dass Kakao nur in geringem Maße genutzt werden sollte bzw. gar nicht, wenn Nervenschäden vorliegen, da Kakao laut Anthony William das Nervensystem reizen kann. Bitte iss also nicht ab heute, jeden

Tag Brownies zum Frühstück. Außerdem ist es laut Anthony William wichtig das Fett zu reduzieren, wenn man starke Symptome hat. Deswegen achte bitte auf deinen Körper und vermeide Rezepte mit hohem Fettanteil, bzw. iss sie nur sehr selten. Nüsse, Samen und Avocado enthalten zum Beispiel viel Fett. Es gibt auch einige Rezepte, bei denen du zum Beispiel einfach auf zusätzliche Nüsse als Topping oder das Sahnehäubchen Mandelmus verzichten kannst um das Fett zu reduzieren. Die Fette sind gesund und diese Lebensmittel enthalten wichtige Stoffe, dennoch sollten sie bei starken Symptomen in Maßen gegessen werden. Es sind genug Rezepte vorhanden um für jeden das Richtige zu finden. Bei einigen Rezepten wird Backpulver, Gemüsebrühen Pulver, Gewürzpaste oder Ähnliches verwendet. Bitte achte beim Kauf immer auf die Zusatzstoffe, es sollte immer Anthony William konform sein. Kein Gluten, vegan, kein Mais oder Rapsöl etc. Ich empfehle dir mal unter www.medicalmedium.com/preferred/food zu schauen, hier findest du Lebensmittel die Anthony William empfiehlt wie zum Beispiel Backpulver, Chiasamen, Lasagne Nudeln aus braunem Reis, Mandelbutter und vieles mehr.

Da rohköstliche Lebensmittel im Gegensatz zu gekochter Nahrung, die volle Wirk- und Heilkraft enthalten, befinden sich in diesem Buch auch viele Rohkost-Rezepte. Wem es möglich ist, der möge am besten alle Zutaten in Bioqualität verwenden. Wenn man natürliche Nahrungsmittel aus vertrauter Quelle beziehen kann, ist es gut, sie nicht zu sehr zu waschen, da sich auf der Oberfläche von Obst, Gemüse und Kräutern Mikroorganismen befinden, die sehr gut für unsere Gesundheit sind. Ansonsten sollte man die Lebensmittel selbstverständlich vorher gründlich waschen.

Ich wünsche allen viel Heilung und genussvolles schlemmen.

Frühstück-Rezepte

Frühstück-Bowl

- 2 Bananen
- 250 g Himbeeren
- 100 g Brombeeren
- 250 g wilde Blaubeeren
- Honig
- 2 EL Cashewkerne
- 2 EL Kokosraspeln

Die zwei Bananen, 200 g Himbeeren, 50 g Brombeeren und 200 g Blaubeeren in einen Mixer geben und pürieren. Evtl einen Schuss Wasser dazugeben. Es sollte eine dickflüssie Konsistenz entstehen. Je nach Geschmack mit Honig süßen. Cashewnüsse hacken. Den Brei in eine Schüssel füllen und die restlichen Beeren und gehackte Cashewnüsse unterheben. Mit Kokosraspeln garnieren.

💔 Für die fettarme Variante einfach die Cashewnüsse und Kokosraspeln weglassen.

Wildeblaubeeren-Bowl ❤

- 200 g wilde Blaubeeren
- 2 Banane
- 1 Mango
- 2 Handvoll Erdbeeren
- 1 Prise Vanilleextrakt
- Honig

Blaubeeren, 1 Banane und das Fruchtfleisch einer Mango in einen Mixer geben und pürieren. Etwas Wasser dazugeben, sodass eine breiartige Konsistenz entsteht. Es sollte nicht zu flüssig sein. Mit beliebig viel Vanilleextrakt und Honig verfeinern. Den Frucht-Brei in Schälchen umfüllen.

Die zweite Banane in Scheiben schneiden. Erdbeeren halbieren. Nun den Fruchtbrei damit verzieren.

Exotic-Bowl ❤

- 2 Bananen
- 350 g Himbeeren
- 2 Maracuja
- 3 gestr. TL Acai-Pulver
- 2 Kiwi
- 1 Sternfrucht

Die 2 Bananen, Himbeeren, Acia-Pulver und das Fruchtfleisch der Maracujas in einem Mixer pürieren. Evtl. einen Schuss Wasser dazugeben, es sollte eine breiartige Konsistenz entstehen. Den Frucht-Brei in Schälchen umfüllen.

Die Sternfrucht in Scheiben und die Kiwis in kleine Würfel schneiden. Nun damit die Schälchen garnieren.

Indische-Bowl 🖤

- 2 Bananen
- 1 Mango
- Honig
- 2 gestr. TL Kardamom
- 2 EL Kokosblütenzucker
- n.B. Früchte zum garnieren z.B. Mangowürfel, Orangenstücke oder Bananenscheiben

Die Bananen und das Fruchtfleisch der Mango in einem Mixer pürieren. Vorsichtig etwas Wasser dazugeben, sodass eine breiartige Konsistenz entsteht. Je nach Geschmack mit Honig süßen. Mit Kardamom würzen.

Den Brei in Schälchen füllen und mit Fruchtstückchen und Kokosblütenzucker garnieren.

Grundrezept für Smoothie-Bowls

- 1 Tasse Obst
- ¼ - ½ Tasse Wasser, vegane und glutenfreie Milch oder Saft
- 1 Esslöffel Honig, Ahornsirup oder Kokosblütenzucker
- 1 Handvoll Früchte als Topping
- n.B. Mandelsplitter, gehackte Cashewnüsse, Chiasamen
- n.B. Gewürze z.b. Vanille, Zimt oder Kardamom
- n.B. veganer Joghurt

Der Fantasie sind keine Grenzen gesetzt. Mit diesem Grundrezept kannst du dir ganz nach deinem Geschmack beliebige Smoothie-Bowls zaubern.

❤ Für die fettarme Variante einfach keine Samen und Nüsse verwenden. Und anstelle von Milch Wasser oder Saft verwenden.

Apfel-Zimt-Porridge mit Früchten

- 400 ml Mandelmilch, glutenfreie Hafermilch oder Hirsemilch
- 15 EL glutenfreie Haferflocken extrazart
- 5 EL Honig
- 2 Äpfel
- 1 TL Zimt
- verschiedene Früchte zum garnieren

Vegane Milch und glutenfreie Haferflocken zusammen in einen Topf geben.

Ein paar Minuten langsam köcheln lassen. Gut umrühren. Vorsicht, dass die Milch nicht anbrennt. Herd abstellen.

Äpfel mit einer Reibe klein reiben und zu der Milch und den Haferflocken dazugeben. Gut unterheben.

Jetzt das Ganze mit Zimt und Honig abschmecken und mit verschiedenen Früchten garnieren.

Haferflocken Müsli mit Früchten 🌾

- 1 Müslischüssel glutenfreie Haferflocken
- Mandel-, Hirse-, oder glutenfreie Hafermilch
- 1 kleiner Apfel oder Pfirsich
- 1 kleine Banane
- 1 Handvoll Beeren
- Honig

Apfel und Banane in kleine Stücke schneiden und unter die Haferflocken mengen. Das Ganze mit veganer und glutenfreier Milch aufgießen.

Mit Honig süßen und Beeren verzieren. Selbstverständlich können Früchte nach Belieben ausgewählt werden. Auch getrocknete Früchte wie Erdbeeren oder Himbeeren sind zusätzlich sehr lecker im Müsli. Allerdings ist frisches Obst natürlich viel wirkungsvoller.

Blaubeer-Hirsebrei ᐟ

- 125 g Hirse
- vegane glutenfreie Milch z.B. Mandel-, oder Hirsemilch
- Blaubeeren (am besten wilde)
- 4 EL Ahornsirup
- Vanilleextrakt
- Nüsse zum garnieren (z.B. Walnüsse)

Hirse mit doppelter Menge Milch in einen Topf geben und ca. 15 Minuten köcheln lassen.

Mit Ahornsirup und Vanilleextrakt nach Belieben abschmecken. Jetzt beliebig viele Blaubeeren untermischen und mit Nüssen garnieren.

Bananen-Hirse mit Himbeeren 🌾

- 125 g Hirse
- vegane glutenfreie Milch z.B. Mandelmilch
- 3 Bananen
- Honig
- eine Handvoll Himbeeren
- eine Handvoll Blaubeeren (am besten wilde)

Hirse mit doppelter Menge Milch ca. 15 Minuten köcheln lassen. Bananen klein schneiden und unterheben.

Nach Belieben mit Honig süßen.

Mit Himbeeren und Blaubeeren garnieren.

Hirse mit Kaki & Granatapfel 🌾

- 100 g Hirse
- 400 ml Mandelmilch
- 2 EL Kokoscreme
- etwas Vanilleextrakt
- Kardamompulver
- Honig
- 1 Kaki
- 4 EL frische Granatapfelkerne
- 10 Dattel
- 2 EL Kokosraspel

Hirse in der Mandelmilch kochen lassen. Ca. 5 Minuten bei mittlerer Hitze köchle lassen. Anschließend den Herd ausstellen und die Hirse 15-20 Minuten quellen lassen.

Währenddessen Granatapfel öffnen und die Kerne herausholen. 4 EL der Kerne zur Seite stellen. Die Kaki von der Schale befreien und in beliebig große Stücke schneiden.
Die Datteln ebenfalls zerkleinern.

Wenn die Hirse fertig ist, kann die Kokoscreme untergehoben werden. Nun nach Belieben mit Vanilleextrakt, Kardamom und Honig abschmecken. Kaki, Datteln und Granatapfelkerne untermischen.

In Servierschüsseln füllen und mit Kokosraspel garnieren.

Süße Hirsesuppe mit Beeren 🌾

- 250 ml Milch (Mandelmilch, Hirsemilch, glutenfreie Hafermilch o.ä.)
- 20 g Hirse
- 2 TL Honig
- eine Prise Salz
- etwas Vanilleextrakt
- 100 g Beeren

Milch mit Salz zum Kochen bringen. Hirse dazugeben und auf niedrigster Stufe quellen ca. 15 Minuten lassen. Mit Honig und Vanille abschmecken. Etwas abkühlen lassen und Beeren unterheben.

Glutenfreie Kastanienmehl Brötchen ⁓

- 100 g Kartoffelmehl
- 100 g Teffmehl
- 100 g zarte glutenfreie Haferflocken
- 160 g Kürbiskerne
- 200 g Sonnenblumenkerne
- 3 TL Leinsamen
- 3 EL Flohsamenschalen
- 640 ml Wasser
- 1 EL Zitrone
- 1 Prise Salz
- 1 TL Ahornsirup
- 1 Päckchen Backpulver

Alle Zutaten in eine große Schüssel geben und solange mit einem Handrührgerät kneten bis ein fester Teig entsteht.

Den Teig zudecken und 1-2 Stunden ruhen lassen. Jetzt 10 Brötchen aus der Masse formen und jeweils oben einschneiden.

Die Brötchen auf ein Blech mit Backpapier legen und im vorgeheizten Backofen 40 Minuten bei 200 Grad backen.

Quinoa-Müsli ⁎

- 100 g Quinoa
- etwas Hirse-, Mandel-, oder glutenfreie Hafermilch
- 1 Tasse wilde Blaubeeren oder andere Früchte
- Kokosblütenzucker

Quinoa in ein Sieb geben und gut waschen. Anschließend in 200 ml Wasser für ca. 15 Minuten kochen. Abtropfen lassen und in Müslischüssel geben.

Mit Milch nach Belieben aufgießen. Blaubeeren unterheben und mit Kokosblütenzucker süßen.

Wahlweise können natürlich andere Früchte verwendet werden oder Ahornsirup oder Honig zum Süßen verwendet werden.

Süßkartoffel-Toasts

- 1 große Süßkartoffel

- Zutaten zum Belegen:
  z.B. die Brotaufstriche aus diesem Buch
  Oliven Scheiben
  Tomaten mit Zwiebeln und Basilikum
  Gurken mit Kresse
  Honig

Die Süßkartoffel der Länge nach in Scheiben schneiden die ca. ¼ - ½ Zentimeter dick sind.
Die Schale kann je nach Geschmack entfernt werden. Ich esse sie mit.
Die Scheiben sollten nicht dicker sein, da die Kartoffeln sonst nicht gar werden.
Nun die Scheiben auf höchster Stufe im Toaster garen. Ca. 2-3 Mal pro Scheibe. Entspricht in etwa 5 Minuten.

Belegt werden kann das Süßkartoffel-Toast mit verschiedensten Zutaten.
Zum Beispiel mit den Brotaufstrichen aus diesem Buch. Mein Favorit ist Schoko-Haselnuss-Brotaufstrich mit Bananenscheiben belegt. Das ist aber nur etwas für Menschen die schon weit in ihrer Heilung voran geschritten sind. Da Kakao und Fett nciht ideal sind.

❤ Für die fettarme Variante schmeckt zum Beispiel sehr gut Tomatenscheiben mit Zwiebelwürfel, frischem Basilikum, Salz und Pfeffer. Oder Gurkenscheiben mit Kresse. Oder einfach nur Oliven Scheiben. Für die süße fettfreie Variante eignete sich hervorragend Honig.

Licht-Brot ⁓🌾

- 150 g glutenfreies Hafermehl
- 150 g Vollkornreismehl
- 150 g Kichererbsenmehl
- 150 g Sonnenblumenkörner
- 3 EL Chiasamen
- 5 EL gemahlene Flohsamenschalen
- 650 ml Mineralwasser
- 2 TL Backpulver
- ½ TL Salz
- Olivenöl

Hafermehl, Vollkornreismehl, Kichererbsenmehl, Sonnenblumen-körner, Chiasamen, Flohsamenschalen, Backpulver und Salz in eine große Schüssel geben und gut vermengen. Unter Rühren mit Knethaken das Mineralwasser hinzugeben.

Eine Kastenform mit Olivenöl einfetten und den Teig hineingeben und glattstreichen.

Teig für ca. eine Stunde ruhen lassen.

Anschließen für 20 Minuten im vorgeheizten Backofen bei 180 Grad Umluft backen. Brot aus der Form stürzen und für weitere 20 Minuten ohne Form backen.

Kastanienbrot

- 350 g Kastanienmehl
- 350 ml heißes Wasser
- 35 g Chiasamen
- 30 g Flohsamenschalen
- 25 g Natron
- 1 Zitrone
- Salz

Die Zitrone auspressen und den Saft in das heiße Wasser gießen.

In einer anderen Schüssel alle restlichen trockenen Zutaten miteinander vermischen. Sie sollten frei von Klumpen sein.

Jetzt das heiße Wasser dazugießen. Das Ganze gut mit den Händen verkneten. Ist der Teig noch zu feucht und klebrig kann vorsichtig etwas mehr Kastanienmehl dazu gegeben werden. Anschließend zu einem Laib formen und Oben einmal der Länge nach anschneiden.

Auf ein Gitter mit Backpapier legen und für 90 Minuten bei 200 Grad backen.

Vor dem Anschneiden komplett auskühlen lassen.

Spirit-Brot ᵕ∖

- 350 ml Wasser
- 130 g Sonnenblumenkerne
- 150 g glutenfreie Haferflocken
- 100 g geschrotete Leinsamen
- 70 g Nüsse nach Wahl
- 2 EL Chiasamen
- 4 EL Flohsamenschalen
- 1 TL Salz
- 4 EL Kokosöl

Sonnenblumenkerne, glutenfreie Haferflocken, Leinsamen, Nüsse, Chiasamen, Flohsamenschalen und Salz in eine große Schüssel geben und gut vermengen.

Wasser und Kokosöl in einem anderen Gefäß erwärmen. Anschließend unter Rühren mit dem Knethaken zu den anderen Zutaten gießen.

Kastenform mit Kokosöl einfetten und Teig hineingeben und glattstreichen. Das Ganze abdecken und 2 – 10 Stunden ruhen lassen. Backofen auf 180 Grad Umluft vorheizen und Brot für 20 Minuten anbacken.

Brot aus Form stürzen und für weitere 30-40 Minuten backen.

Vor dem Anschneiden komplett abkühlen lassen.

Nussbrot

- 50 g glutenfreie kernige Haferflocken
- 80 g Leinsamen
- 50 g Haselnüsse
- 50 g Walnüsse
- 2 EL Chia Samen
- 3 EL Flohsamenschalen
- 130 g Sonnenblumenkerne
- 3 EL Olivenöl
- 350 ml Wasser
- 1 EL Honig
- 1 TL Salz

Haferflocken, Leinsamen, Walnüsse, Haselnüsse, Chiasamen, Floh-samenschalen und Sonnenblumenkerne in einer großen Schüssel miteinander vermengen. Wasser, Öl und Honig dazugeben und gut durchkneten.

Den Teig über Nacht ruhen lassen.

Eine Kastenbackform einfetten und den Teig darin glattstreichen. Bei 180 Grad für ca. 50 Minuten backen.

Erst anschneiden, wenn das Brot komplett ausgekühlt ist.

Ananas-Bananen-Kiwi Smoothie

- 200 g Ananas
- 1 Banane
- 1 Kiwi
- 200 ml Orangensaft
- 100ml Kokosmilch
- 1 EL Honig

Geschälte Ananas, Banane und Kiwi in den Smoothie-Mixer geben.

Mit Orangensaft und Kokosmilch aufgießen und mit Honig süßen.

Nun solange mixen, bis keine Stücke mehr vorhanden sind.

❤ Für die fettarme Variante die Kokosmilch mit Wasser oder Saft ersetzen.

Kirsch-Smoothie 💔

- 2 Banane
- 1 ½ Tassen gefrorene Kirschen
- 1 Zitrone
- ½ - 1 Tasse Wasser
- Honig

Bananen, Kirschen und Wasser in einem Smoothie-Mixer geben.

Zitrone auspressen und den Saft dazu gießen.

Das Ganze mit Honig abschmecken und mixen bis keine Stücke mehr vorhanden sind.

Grüner Smoothie

- Eine Handvoll Spinat
- 1 Apfel
- 1 Banane
- 1/4 Avocado
- Saft von 2 Orange
- Eine Messerspitze Ingwer
- 175 ml Wasser

Je nach Qualität des Smoothie-Mixers sollte der Apfel vorher etwas kleiner geschnitten werden.

Avocado vierteln und das Fruchtfleisch mit allen anderen Zutaten in den Mixer geben.

Solange mixen, bis keine Stückchen mehr vorhanden sind.

❤ Für die fettarme Variante die Avocado weg lassen.

Chiasamen-Pudding

- 50 g Chiasamen
- 160 ml glutenfreie Hafer-, Mandel- oder Hirsemilch
- 2 EL Ahornsirup
- 1 Handvoll Erdbeeren
- 80 g Beerenpüree (gefrorene Himbeeren/Wildbeeren/Blaubeeren)
- 4 TL Kokosraspeln

Die Chiasamen und die Milch mit Ahornsirup zusammen in einer Schüssel vermengen und eine Nacht in den Kühlschrank stellen.

Dort quellen sie, so das am anderen Morgen die Konsistenz wie Pudding ist.

Die gefrorenen Beeren pürieren und über den Pudding geben. Das Ganze mit Erdbeeren und Kokosraspeln garnieren.

Superpower-Brot

- 100 g Kastanienmehl
- 150 g Leinsamenmehl
- 100 g Kartoffelmehl
- 150 g Leinsamen
- 600 ml heißes Wasser
- 35 g Chiasamen
- 25 g Flohsamenschalen
- 25 g Natron
- Salz nach Belieben
- 1 Zitrone

Backofen vorheizen auf 200 Grad.

Zitrone auspressen und in 600 ml heißes Wasser geben.
In einer andere Schüssel Kastanienmehl, Leinsamenmehl, Kartoffelmehl, Leinsamen, Flohsamenschalen, Chiasamen und Natron vermischen.

Ja nach Geschmack können dem Grundrezept Nüsse, Samen, Oliven, Knoblauch oder Zwiebeln hinzugefügt werden.

Jetzt das Wasser mit Zitronensaft dazugeben und sehr gut mit den Händen vermengen und durchkneten. Dann einen Laib daraus formen und mit dem Messer in der Mitte oben einmal anschneiden.

Sofort in den Ofen auf ein Backgitter mit Backpapier legen und bei 200 Grad 90 Minuten backen.

Komplett auskühlen lassen. Erst dann aufschneiden.

Kastanien- und Leinsamenmehl können mit anderen Mehlsorten ersetzt werden. Als getreidefreie Mehlart eignet sich Kichererbsenmehl. Ansonsten kann auch Teffmehl, glutenfreies Hafermehl oder Mehl aus braunem Reis genutzt werden.

Veganes Rührei

- 100 g Kichererbsenmehl
- 300 ml Wasser
- 60 ml Mandelmilch
- 2 EL Kokosöl
- 1 TL Kala Namak Salz oder eine Prise Asafoetida (Hing)
- 1 Prise Kurkuma

Das Kichererbsenmehl mit Wasser vermischen und mit Kala Namak Salz und Kurkuma würzen. Anstelle von Kala Namak Salz kann man auch eine Prise Asafoetida nutzen. Beides bekommt man in einem Asialaden oder kann es im Internet bestellen.

Das Kokosöl in einer Pfanne erhitzen und je nach Größe der Pfanne ¼ oder ⅓ der Masse in die Pfanne geben und für 2-3 Minuten anbraten. Anschließend das Rührei mit einem Pfannenwender zerkleinern. Dann aus der Pfanne nehmen und auf einem Teller zur Seite stellen. Dasselbe mit den anderen Anteilen der Masse machen.

Nun das ganze Rührei zurück in die Pfanne geben, die Mandelmilch dazugeben und erhitzen. Sie wird vom Rührei aufgesogen.
Zum Schluss noch einmal mit Gewürzen abschmecken. Anschließend servieren.

Rühreivarianten:

- 1-2 Tomaten
- 1 Avocado
- 2 EL Olivenöl
- 1 EL Zitronensaft
- Salz
- Pfeffer

29

- frische gehackte Petersilie

Tomaten und Avocado würfeln, mit Olivenöl und Zitronensaft vermischen. Mit Pfeffer, Salz und Petersilie abschmecken. Das Ganze über das angerichtete Rührei geben.

Man kann auch das Rührei vor dem Braten mit Zwiebelwürfeln, Tomatenwürfeln, Petersilie, Schnittlauch, Peperoni, Paprika, Chili oder anderen Gewürzen verfeinern.

💔 Für die fettarme Variante kann das Rührei in einer beschichteten Pfanne ohne Fett gebraten werden. Und man verzichtet am Ende auf die Zuagbe von Mandelmilch.

Obstsalat

- 500 g Erdbeeren
- 3 Bananen
- 3 Äpfel
- 500 g Weintrauben
- 400 g Ananas
- 2 Pfirsiche
- ½ Zitrone
- 0,5 l Orangensaft
- ½ Tasse wilde Blaubeeren
- Mandelblättchen
- Honig

Erdbeeren, Bananen, Äpfel, Weintrauben, Ananas und Pfirsiche kleinschneiden und in eine große Schüssel geben. Zitrone darüber träufeln, damit das Obst nicht braun wird. Blaubeeren unterheben.

Nun mit Orangensaft aufgießen.

Nach Belieben mit Honig süßen und mit Mandelblättchen garnieren.

♥ Für die fettarme Variante die Mandelblättchen weg lassen.

Grundrezept für Brotaufstriche

- 250 g Sonnenblumenkerne
- 500 ml Wasser
- 6 EL Mandelmilch
- 1 EL Zitronensaft
- 1 TL Salz

Über Nacht die Sonnenblumenkerne in Wasser einweichen. Am anderen Tag über ein Sieb das Wasser abgießen. Die Sonnenblumenkerne in einen Mixer geben. Nun Mandelmilch, Zitronensaft und Salz dazugeben und alles solange mixen bis keine Stücken mehr vorhanden sind.

Dies ist das Grundrezept für zahlreiche Brotaufstriche.

Man kann es mit:
Schnittlauch und Kräutern,
mit Knoblauch,
Wildkräuter wie Bärlauch oder Schafgarbe,
Kresse,
Tomatenmark,
Zwiebel und geriebenem Apfel,
gemahlenem Kreuzkümmel,
Currypulver
oder was einem sonst noch einfällt verwandeln.

Schoko-Haselnuss Brotaufstrich

- 80 g Soft-Datteln
- 40 g vegane Margarine (ohne Rapsöl und Palmfett)
- 1 ½ EL Kakaopulver
- 35 g gemahlene Haselnüsse
- 50 ml Wasser

Datteln, Margarine, Kakaopulver, Haselnüsse und Wasser in einen Mixer geben und pürieren.

Wem die Konsistenz zu hart ist, der kann vorsichtig etwas mehr Wasser dazugeben.

Nun in Gläser mit Schraubverschluss abfüllen und im Kühlschrank lagern.

Guacamole als Brotaufstrich

- 2 reife Avocado
- 1 Tomate
- 1 kleine Zwiebel
- 1 EL Korianderblätter
- 1 Zehe Knoblauch
- 1 Limette
- 1/2 Jalapeno
- Pfeffer
- Salz

Avocados schälen, entkernen und in eine Schüssel geben. Limette ausdrücken und den Saft zur Avocado dazu geben. Das Ganze zerdrücken bis die Konsistenz wie Brei ist. Tomaten, Zwiebeln, Koriander und Jalapeno sehr klein schneiden und unter den Avocadobrei mischen. Das Ganze nach Belieben mit Salz und Pfeffer abschmecken.

Die Guacamole kann als Dip oder Beilage verwendet werden. Ich persönlich nutze sie gerne als Brotaufstrich.

Brot mit Guacamole bestreichen, mit Tomatenscheiben belegen und noch mal mit Zwiebel würzen.

Humus als Brotaufstrich

- 1 Dose Kichererbsen ca. 400g
- 100 ml Sesampaste Tahin
- 1 Knoblauchzehe
- 2 EL Olivenöl
- 3 TL Zitronensaft
- 0,5 TL Kumin-Gewürz
- Salz
- 100 ml Wasser

Kichererbsen in ein Sieb geben und gut abwaschen. Knoblauchzehe hacken. Beide Zutaten in eine Schüssel geben und 100 ml Wasser und das Tahin dazu geben. Mit einem Pürierstab pürieren. Anschließend die Paste mit Kumin, Salz und Zitronensaft abschmecken.

Der Humus ist super lecker als Brotaufstrich und kann zusätzlich mit Tomaten oder Gurken belegt werden.

Linsen-Tomaten Brotaufstrich ❤

- 200 g trockene Linsen
- ½ Glas getrocknete Tomate
- 3 TL frisch gepressten Zitronensaft
- Salz

Linsen weichkochen und etwas abkühlen lassen. Getrocknete Tomaten und Linsen in eine Schüssel geben und mit einem Pürierstab zu einer cremigen Konsistenz pürieren. Das Ganze mit Zitronensaft und Salz abschmecken.

Nun kann der Brotaufstrich in ein Glas mit Schraubverschluss gefüllt werden und im Kühlschrank aufbewahrt werden.

Pistazien Brotaufstrich

- 1 Tüte geröstete und gesalzene Pistazien (ohne Rapsöl!)
- 1 Knoblauchzehe
- 7 Cocktailtomaten
- 1 EL Olivenöl
- 1 EL vegane Margarine (ohne Rapsöl und Palmfett)
- Kräutersalz

Tomaten halbieren und in einem Mixer pürieren. Nun die Pistazien, die Knoblauchzehe, das Öl und die Margarine dazugeben und ebenfalls pürieren.

Zum Schluss nach Belieben mit Kräutersalz abschmecken.

Schmeckt auch super gut als Pesto oder Dip zu Nudeln oder Gemüse.

Desserts &Süßspeisen

Blaubeermuffins ❧

- 250g glutenfreies Hafermehl
- 300ml Mandel-, oder glutenfreie Hafermilch
- 1 Tasse wilde Blaubeeren
- 4 TL Zitronensaft
- 1 TL Backpulver
- 1 TL Natron
- 75 ml Kokosöl
- Vanilleextrakt
- 100g Kokosblütenzucker
- 1 Prise Salz

Mehl, Backpulver und Natron gut miteinander vermischen. In einer anderen Schüssel die vegane Milch, Öl, Zitronensaft, Kokosblütenzucker, Vanilleextrakt und Salz mit einem Handmixer gut umrühren. Blaubeeren mit einem Löffel unterheben. Den Teig in eine gefettete oder mit Papierförmchen bestückte Muffinform geben. Nun die Muffins in einem vorgeheizten Ofen bei 180 Grad für ca. 30 Minuten backen.

Blaubeerpfannkuchen ✎

- 350 g Mandel-, Hirse-, oder glutenfreie Hafermilch
- 15 g Leinsamen fein gemahlen
- 180 g glutenfreies Hafermehl
- 1 Tasse wilde Blaubeeren
- 1/2 Banane
- 2 TL Backpulver
- 2 EL Kokosöl
- 1 Prise Vanilleextrakt
- Ahornsirup

Geschmolzenes Kokosöl, Milch, Banane und gemahlene Leinsamen in eine Schüssel geben und mit einem Pürierstab oder Mixgerät pürieren und 10 Minuten ruhen lassen.

In einer anderen Schüssel Hafermehl, Backpulver und Vanilleextrakt gut verrühren. Nun die flüssigen Zutaten dazugeben und ein paar Minuten mit einem Mixer vermengen. Blaubeeren in den Teig geben und vorsichtig mit einem Löffel unterheben.

In einer heißen beschichteten Pfanne je 50-70 ml des Teiges geben und von beiden Seiten goldbraun braten.

Mit Ahornsirup übergießen und genießen.

Apfelpfannkuchen

- 50 g glutenfreies Hafermehl
- 50 g Teffmehl
- 3 TL gemahlene Chiasamen
- 4 EL Kokosblütenzucker
- 200 ml Hirse-, Mandel-, oder glutenfreie Hafermilch
- 200 ml Wasser
- 1 Apfel
- 1 Prise Zimt
- Ahornsirup oder Honig

Hafermehl, Teffmehl, Chiasamen, Kokosblütenzucker und Zimt vermischen und unter Rühren Milch und Wasser hinzugeben. Den Teig 45 Minuten quellen lassen.

Apfel in Scheiben schneiden.

In eine heiße Pfanne je nach gewünschter Pfannkuchen Größe den Teig geben und sofort die Apfelscheiben auf dem noch flüssigen Teig verteilen und leicht andrücken.
Auf beiden Seiten goldgelb anbraten.

Kann mit Ahornsirup oder Honig serviert werden.

Brownies

- 750 g schwarze Bohnen
- 50 g Kakaopulver ungesüßt
- 2 Bananen
- 2 EL Kokosöl oder Erdnussbutter
- 1/2 TL Salz
- 65 ml Ahornsirup
- Vanilleextrakt
- 2 TL Backpulver

Die Bohnen können fertig gekocht aus einer Dose entnommen werden oder selber gekocht werden. Bohnen in ein Sieb geben und gut abspülen. Zusammen mit allen anderen Zutaten in einen Standmixer geben und solange pürieren, bis ein glatter Teig entsteht.

In einer gefetteten Kastenform oder Springform bei 180 Grad 25 Minuten backen.

Anschließend Brownies auskühlen lassen, in Stücke schneiden und servieren.

Kakao nährt laut Anthony William keine Viren, aber dennoch soll bei bestimmten Konstitutionen zu viel Kakao nicht so gut sein. Deswegen bitte selber forschen ob Kakao für dich gut ist! Ich esse ihn ab und zu zur Abwechslung und habe noch nie etwas Negatives damit in Verbindung bringen können.

Apfel-Möhren-Kekse ⁕

- 2 Bananen
- 2 Äpfel
- 2 Möhren
- 150 g glutenfreie Haferflocken
- 75 g Rosinen
- 4 EL Ahornsirup
- ½ TL Zimt
- 1 EL Mandelbutter
- 1 EL Kokosöl

In einer Schüssel die Bananen mit einer Gabel zu einem Brei zerquetschen. Möhren und Äpfel (sie sollten nicht zu groß sein) mit einer Reibe reiben (nicht zu fein).

Bananenbrei, geriebene Äpfel und Möhren mit den Haferflocken, den Rosinen, dem Ahornsirup und Zimt vermischen. Mandelbutter und flüssiges Kokosöl (evtl. etwas erwärmen) dazugeben und gut vermengen.

Backblech mit Backpapier auslegen. Mit einem Esslöffel den Teig zu "keksartigen" Portionen verteilen.

Nun bei 200 Grad für ca. 30 Minuten backen.

Rhababer-Crumble ⬝

- 3 Stangen Rhabarber
- 2 Handvoll Erdbeeren
- 2 EL Ahornsirup
- 4 EL Kokosblütenzucker
- 50 g glutenfreie zarte Haferflocken
- 50 g Mandelmehl
- 1 TL Zimt
- 50 g Ahornsirup
- 20 g Kokosöl

Rhabarber und Erdbeeren in kleine mundgerechte Stücke schneiden und auf dem Boden einer kleinen Auflaufform verteilen. Mit 2 EL Ahornsirup und Kokosblütenzucker süßen.

Die glutenfreien Haferflocken, das Mandelmehl und den Zimt vermengen. Den Ahornsirup und das Kokosöl dazugeben. Das Öl sollte flüssig sein. Gegebenenfalls in einem Topf erwärmen bis es flüssig ist. Nun die Zutaten zu Streuseln verkneten.

Zum Schluss die Streusel über das Obst in der Auflaufform verbröseln.

Bei 180 Grad für ca. 10-15 Minuten backen.

Zitronencremetorte

- 120 g Haselnüsse
- 3 EL Kokosraspel
- 7 Datteln
- Kokosöl
- Salz
- 150 ml Mandelmilch
- 25 g getrocknetes Irish Moos
- 100 g Cashewnüsse
- 3 Zitrone
- 1 TL Spirulinapulver
- 200 ml Mandelmilch
- 4 EL Honig
- 2 TL Sonnenblumenlecithin

Für den Boden:
Haselnüsse, Kokosraspeln, Datteln und eine Prise Salz in einem Mixer zerkleinern, bis eine Teigartige Masse entsteht, die sich gut formen lässt.
Einen Tortenring mit Kokosöl einfetten und den Teig in der Form verteilen, so dass ein gleichmäßiger Tortenboden entsteht.

Für die Zitronencreme:
100 g Cashewnüsse über Nacht in Wasser einweichen.
Das Irish Moos ca. 6 Stunden in ausreichend Wasser einweichen. Anschließend gut waschen und mit 150 ml Mandelmilch in einem Mixer solange zerkleinern bis keine Stücke mehr vorhanden sind. Cashewnüsse und den Saft von 2 Zitronen, sowie die geriebene Schale von einer Zitrone dazugeben und gut vermixen. Honig, Spirulinapulver, flüssiges Kokosöl und Sonnenblumenlecithin hinzufügen und erneut durchmixen.

Die Zitronencreme auf den Tortenboden gießen und über Nacht im Kühlschrank fest werden lassen.

Zum Servieren mit Zitronenscheiben oder Minzblättern garnieren.

Wild Blueberry Cremetörtchen

- 100 g gemahlene Mandeln
- 3 Datteln
- 3 getrocknete Feigen
- 3 EL Honig
- 100 g Cashewnüsse
- 230 g wilde Blaubeeren
- 1 EL Zitronensaft
- 1 EL Kokosblütenzucker
- 100 g Kokosöl
- 1 TL Kokosöl zum Einfetten
- 6 Heidelbeeren

Benötigt werden ebenfalls entweder 6 Dessertringe (Durchmesser 58 mm, Höhe 50 mm) oder ein Tortenring mit einem Inhalt von min. 790 ml.

Cashewnüsse über Nacht in 200 ml Wasser einweichen

Für den Boden:
Mandeln, Datteln, Feigen und Honig in einem Mixer geben und so klein mixen, bis eine formbare Masse entsteht.

Eine Unterlage und die Innenseite der Dessertringe mit Kokosöl einfetten. Den Teig für den Boden in 6 gleichgroße Stücke teilen, in die Dessertringe geben und festdrücken bis ein gleichmäßiger Boden vorhanden ist.

Für die Creme:
Die Cashewnüsse mit dem Einweichwasser zusammen in einen Mixer geben. Die wilden Blaubeeren, den Zitronensaft und den Kokosblütenzucker dazugeben und einige Minuten vermixen.
Das flüssige Kokosöl in die Masse in den Mixer geben und kurz vermischen.

Die Blaubeere Creme zu gleiche Teilen in die 6 Dessertringe geben und auf jedes Törtchen eine Heidelbeere in die Mitte legen.

Dann die gesamte Unterlage mit den Dessertringen für ca. 8 Stunden in den Kühlschrank stellen, bis die Creme fest geworden ist. Wer es fester mag, kann mehr Kokosöl verwenden.

Rohkosttörtchen

- 80 g Mandeln
- 40 g Walnüsse
- 1 Vanilleschote
- 60 g Datteln
- 1 Prise Salz
- 2 EL   Honig
- Für die Creme:
- 125 g Cashewnüsse
- 40 ml frisch gepresster Zitronensaft
- 50 ml Mandelmilch
- 115 g Honig
- 1 Vanilleschote
- 1 Prise Salz
- 20 g Sonnenblumenlecithin
- 50 g Kokosöl
- 75 g Fruchtpüree

125 g Cashewnüsse über Nacht in Wasser einweichen.

Für den Boden:
Mandeln, Walnusskerne, das Mark einer Vanilleschote, die Datteln und eine Prise Salz im Mixer zerkleinern. 2 EL Honig dazugeben und zu einer festen Masse verkneten.
Ca. 30 g der Masse als Boden in Dessertringe mit 6 cm Durchmesser geben und festdrücken. Man kann Backpapier unterlegen. Ca. 20 Minuten in den Tiefkühler stellen.

Für die Creme:
Eingeweichte Cashewnüsse, frisch gepresster Zitronensaft, Mandelmilch, Honig, Mark der anderen Vanilleschote und einer Prise Salz in einen Mixer geben und mehrere Minuten pürieren, bis keine Stückchen mehr vorhanden sind.

Das Fruchtpüree hinzugeben. (Am besten stellt man dieses selber her, aus Früchten nach Wahl. Man kann auch gefrorene Früchte in einem Mixer pürieren.) Sonnenblumenlecithin und flüssiges Kokosöl dazugeben und weiter mixen.

Die Creme in die Dessertringe füllen und für ca. 30 - 45 Minuten in den Tiefkühler stellen. Danach kann man die Törtchen durch Druck gegen den Boden ganz leicht aus der Form schieben. Mit einer dünnen Schicht Fruchtpüree und frischen Früchten dekorieren. Gekühlt servieren.

Bananen-Schokocremetörtchen

- 85 g geschälte Erdmandeln
- 6 getrocknete Pflaumen
- 2 TL Kakaopulver
- ½ TL Zimt
- 20 g Kokosöl
- 100 g Cashewnüsse
- 150 ml Wasser
- 1 TL Zitronensaft
- 2 TL Kokosblütenzucker
- 1 Banane
- 40 g Kokosöl
- 1 TL Kokosöl
- 3 TL Kakaopulver

Cashewnüsse über Nacht in 150 ml Wasser einweichen.

Für den Boden:
Die Erdmandelkerne zu Mehl mahlen und mit 2 TL Kakaopulver und dem Zimt vermischen. Die Pflaumen sehr fein schneiden und alles zusammen in einen Mixer geben und verrühren. 20 g flüssiges Kokosöl dazugeben. Nun zu einem formbaren Teig kneten.

4 Dessertringe mit 6 cm Durchmesser und mindestens 5 cm Höhe mit Kokosöl einfetten. Auf eine ebene Unterlage mit Backpapier stellen. Den Teig zu gleiche teilen darin einfügen und festdrücken, so dass ein gleichmäßiger Tortenboden entsteht.

Für die Creme:
Cashewnüsse zusammen mit dem Einweichwasser in einen Mixer geben und so lang mixen, bis eine Creme entsteht. Dann Zitronensaft, Kokosblütenzucker, 3 TL Kakaopulver und eine Banane dazugeben und nochmals gut durchmixen.

40 g flüssiges Kokosöl in den Mixer geben, kurz durchmixen und dann die Creme unmittelbar in die Dessertringe gießen. Nach Belieben mit Früchten oder Minzblättern garnieren.

Die Dessertringe für ca. 3 Stunden in den Kühlschrank stellen. Anschließend können die Dessertringe entfernt werden.

Rohkost Apfelkuchen

- 400 g Mandeln
- 2 Bananen
- 50 g Kokosblütenzucker
- 6 Äpfel
- 2 Bananen
- Zimt
- 1 Handvoll Rosinen
- n.B. Honig

Die Mandeln über Nacht in einer Schüssel mit Wasser einweichen.

Am anderen Tag die Mandeln dem Einweichwasser entnehmen und zusammen mit 2 Bananen und dem Kokosblütenzucker in einem Mixer pürieren. Die Masse in eine Springform geben und zu einem glatten Kuchenboden verstreichen.

Die Äpfel mit einer Reibe raspeln (nicht zu fein). Die 2 anderen Bananen mit einer Gabel zu einem Brei zerquetschen und mit den Äpfeln, den Rosinen und dem Zimt vermischen. Nach Bedarf mit Honig süßen.

Die Masse auf dem Kuchenboden verteilen.

Der Kuchen kann sofort verzehrt werden.

Überbackene Banane mit Himbeeren

- 2 Bananen
- Ahornsirup oder Honig
- ein Schuss Kokosmilch
- eine Handvoll Himbeeren

Bananen schälen und je nach Belieben halbieren oder ganz in eine Auflaufform geben.

Anschließend mit reichlich Ahornsirup oder Honig übergießen und bei 180 Grad ca. 10-15 Minuten backen.

Zum Servieren mit etwas Kokosmilch übergießen und Himbeeren garnieren.

❤ Für die fettarme Variante einfach die Kokosmilch weg lassen.

Blaubeereis

- 300 g wilde Blaubeeren (gefroren)
- Honig
- evtl. etwas Kokosmilch

Die gefrorenen Blaubeeren in einen Mixer geben und solange mixen bis eine cremige Masse entsteht.

Je nach Mixer muss man evtl. zwischendurch den Mixer ausschalten und mit einem Löffel die Zutaten wieder weiter nach unten zum Messer schieben, damit alle Beeren zerkleinert werden können.

Wahlweise kann etwas Kokosmilch hinzugegeben werden, dadurch wird das Eis etwas flüssiger und lässt sich leichter pürieren.

Nun mit Honig süßen.

❤ Für die fettarme Variante einfach Wasser anstelle von Kokosmilch nutzen.

Erdbeersorbet ❤

- 450 g Erdbeeren
- 1 Limette (Saft)
- 70 ml Wasser
- Honig
- Salz

Erdbeeren und Wasser in einen Mixer geben und pürieren. 1 Limette auspressen, den Saft dazugeben und vermischen. Mit einer Prise Salz und Honig abschmecken und erneut mixen.

Die Masse in eine Form geben, abdecken und in den Gefrierschrank stellen, bis die Masse festgefroren ist.

Nun die Masse mit einer Gabel aufbrechen und in den Mixer geben. Solange pürieren, bis keine Stücke mehr vorhanden sind. Evtl. zwischendurch die Masse von den Seiten des Mixers herunterschaben, damit alles zerkleinert werden kann.

Wenn das Sorbet fester werden soll, noch einmal für kurze Zeit in den Gefrierschrank stellen. Dann servieren.

Erdbeereis

- 400 g gefrorene Erdbeeren
- Honig
- 2 Feigen (frisch oder getrocknet)
- Kokosnussmilch

Die gefrorenen Erdbeeren, 2 Feigen (für den Crunch-Effekt) je nach Geschmack einige EL Honig und ein Schuss Kokosnussmilch in einen Mixer geben und solange pürieren bis eine cremige Masse entsteht.

Evtl. zwischendurch die Erdbeeren mit einem Löffel von den Seiten des Mixers nach unten zum Schneidemesser schieben, damit alles zerkleinert werden kann.

❤ Für die fettarme Variante anstelle von Kokosmilch Wasser verwenden.

Schokoeis

- 2 Bananen in Scheiben geschnitten (gefroren)
- 1 EL Mandelmus
- 2-3 TL Kakaopulver
- Honig

Bananen in Scheiben schneiden und einfrieren.

Anschließend gemeinsam mit dem Mandelmus und Kakaopulver in einen Mixer geben und zu einer cremigen Masse pürieren.

Wahlweise mit Honig süßen.

Süße Himbeereis-Suppe

- 300 g Himbeeren (gefroren)
- ½ Dose Kokosnussmilch
- 1 TL Vanilleextrakt
- ½ Tasse Ahornsirup

Die Zutaten zusammen in einen Mixer geben und solange pürieren, bis eine glatte Masse entsteht.

Ahornsirup ist sehr nahrhaft für das Gehirn und die Leber. Eine sehr süße und erfrischende Suppe.

Gefüllter Mandel Apfel mit Zimt

- 1 Apfel
- 2 EL Mandelmus
- 5 Datteln
- 1 TL Zimt

Mandelmus, Datteln und Zimt in einem Mixer pürieren bis keine Stückchen mehr vorhanden sind.

Den Apfel oben aufschneiden und aushöhlen.

Nun mit der Mandel-Zimt-Creme befüllen und mit Zimt garnieren.

Bratäpfel

- 3 Äpfel
- ½ Tasse glutenfreie kernige Haferflocken
- ½ Tasse Walnüsse
- 4 EL Rosinen
- 1 EL Mandelmus
- ½ TL Zimt
- ¼ TL Vanilleextrakt
- Prise Salz
- 2 EL Ahornsirup
- Wasser

Walnüsse und Rosinen hacken und mit den Haferflocken, dem Zimt, der Vanille und dem Salz vermengen. Den Ahornsirup dazugeben.

Nun langsam etwas Wasser dazugeben und vermischen, bis eine feuchte aber noch feste Masse entstanden ist.

Das Kerngehäuse der Äpfel von Oben heraus schneiden, sodass ein Loch entsteht und viel Füllung in den Äpfeln Platz hat. Nun mit der Masse befüllen.

Die Äpfel in eine Auflaufform stellen. Den Boden der Auflaufform mit Wasser bedecken.

Bei 160 Grad 30-45 Minuten backen. Die Äpfel sind fertig wenn sie weich sind. Am Besten mit einer Gabel testen.

Bananenchips ❤

- 3 reife Bananen
- n.B. eine Zitrone

Bananen in 2-3 cm dicke Scheiben schneiden.

Ein oder zwei Backbleche mit Backpapier auslegen und die Bananenscheiben einzeln darauf verteilen.

Man kann sie mit Zitronensaft bestreichen, dann werden sie nicht braun. Jedoch sollte man sparsam mit der Zitrone sein, denn sonst werden sie zu sauer.

Bei 80 Grad für ca. 90 Minuten im Ofen trocknen.

Anschließend die Bananenscheiben alle einmal wenden und für weiter 90 Minuten trocknen lassen.

Nun die Bananenchips auskühlen lassen. Sie werden beim Auskühlen noch härter.

Apfelkompott

- 800 g Äpfel
- 1 EL Zitronensaft
- 250 ml Wasser
- 2 EL Honig
- n.B. gehackte Mandeln
- n.B. Zimt

Äpfel schälen und in feine Scheiben schneiden.

In einen Topf das Wasser und den Zitronensaft geben.
Die Äpfel darin 15-20 Minuten köcheln.

Nun mit Honig süßen und mit Zimt würzen. Nach Bedarf gehackte Mandeln unterheben.

Man kann es pur essen.
Es schmeckt aber auch gut zu Pfannkuchen, veganem Joghurt und Müslis.

💔 Für die fettarme Variante keine Mandeln nutzen.

Pflaumenkompott ❤️

- 1 kg Pflaumen
- 150 g Honig
- ¼ Tasse Kokosblütenzucker
- 1/2 TL Vanilleextrakt
- ¼ TL gemahlener Sternanis
- ¼ Prise Zimt
- ¼ TL Kardamom
- ¼ TL Ingwerpulver
- 1 Prise Nelkenpulver

Die Pflaumen entsteinen und vierteln. Zusammen mit dem Honig, dem Kokosblütenzucker und den Gewürzen in einem Topf für 2-3 Stunden Saft ziehen lassen.

Danach für ca. 20 Minuten köcheln lassen zwischendurch umrühren. Wem die Pflaumen noch zu viel Biss haben, kann sie länger köcheln lassen.

Zum Schluss noch einmal mit Gewürzen abschmecken und evtl. mit mehr Honig oder Kokosblütenzucker süßen.

Kochend heiß in Gläser mit Schraubverschluss umfüllen, und einige Minuten auf den Deckel stellen.

Das Pflaumenkompott kann pur gegessen werden, oder zu veganen Joghurts oder Pfannkuchen.

Erdbeerpudding

- 300 g Erdbeeren
- 200 ml Wasser
- 2,5 TL gemahlene Flohsamenschalen
- 1 EL Chiasamen
- 3 EL Honig

Erdbeeren und Wasser in einen Mixer geben und solange pürieren, bis keine Stückchen mehr vorhanden sind. Nun die gemahlenen Flohsamenschalen und die Chiasamen dazugeben und noch einmal kurz vermixen.

Die Masse sofort in Schälchen umfüllen und ca. 15 Minuten stehen lassen.

Nach 15 Minuten ist eine Art Puddingkonsistenz entstanden.

Wer den Pudding kühl essen möchte, kann ihn noch einmal in den Kühlschrank stellen vor dem Verzehren.

Rohkost Möhren Dessert ❤️

- 400 g Möhren
- 2 Äpfel
- 1 Orange
- 1 EL Honig

Möhren schälen und mit einer Reibe fein reiben. Äpfel ebenfalls fein reiben. Beides mit Honig und dem Saft der Orange vermengen.

🌾 Nach Belieben können noch 1 - 2 EL Haferflocken untergemengt werden.

Möhrenkuchen Rohkost

- 400 g Möhrentrester (Pressrückstand bei Saftherstellung)
- 100 g gehackte Rosinen
- 150 g gemahlene Mandeln
- 75 g gemahlene Leinsamen
- 20 g Datteln
- 20 g Wasser
- 2,5 TL Zimtpulver
- 1 Prise Muskat
- 3 EL Honig
- 50 g Kokosraspel
- die geriebene Schale von einer Zitrone
- Kokosraspeln für die Form
- etwas Kokosöl

Um 400 g Möhrentrester herzustellen muss man je nach Entsafter 1 - 1,5 kg Möhren entsaften. Den Saft kann man sofort trinken, er enthält viele Beta Carotin, was gegen Falten wirkt. Außerdem enthält er viele Vitamine und Mineralstoffe.

Die Datteln ca. 5 Stunden in dem Wasser einweichen und anschließend fein pürieren. Das Dattelpüree zusammen mit den anderen Zutaten zu einem Teig verkneten.

Eine 18cm-Springform mit Kokosöl einfetten und mit einigen Kokosflocken ausstreuen. Den Teig in die Form füllen und festdrücken. Den Kuchen mit etwas Kokosflocken bestreuen und für 24 Stunden abgedeckt im Kühlschrank durchziehen lassen.

Vor dem Servieren rechtzeitig aus dem Kühlschrank nehmen damit der Kuchen Raumtemperatur annehmen kann.

Rohkost Laddus

- 2 Handvoll gemahlene Haselnüsse
- 1 Handvoll gemahlene Mandeln
- 1 Handvoll gemahlene Hanfsamen
- 2 EL gemahlene Leinsamen
- 1 EL Chiasamen
- 1 TL Anispulver
- 1 Handvoll Rosinen
- abgeriebene Schale einer Zitrone
- 1 Msp. Nelkenpulver
- 2 Bananen
- 2 EL Kakaopulver

Die Banane mit einer Gabel zerquetschen und mit den Chiasamen vermischen. Die gemahlenen Haselnüsse, Mandeln, Hanfsamen und Leinsamen zu der Bananen-Chiasamen-Masse hinzugeben und gut vermengen.

Die Rosinen fein hacken und zusammen mit der Zitronenschale, dem Zimt, dem Nelkenpulver und dem Anispulver in die Masse geben und gut verrühren.

Falls die Masse zu feucht ist um Kugeln zu formen, kann man noch ein wenig gemahlene Nüsse dazugeben.

Die Masse zu Laddus formen und im Kakaopulver rollen.

Schokomandelcreme

- 100 ml Mandelmus
- 4 weiche Datteln
- 25 g Kakaobutter
- 2 TL Kakaopulver
- 1 Orange

Die Orange auspressen und den Saft mit den anderen Zutaten in einen Mixer geben.

Solange mixen bis keine Stückchen mehr vorhanden sind.

Die Creme kann noch einmal in den Kühlschrank gestellt werden, falls man sie kälter servieren möchte.

Mango-Pfirsich-Spinat Smoothie

- 2 Tassen Mandelmilch
- 1 Banane
- 1/4 Tasse gefrorene Mango Stücke
- ¼ Tasse gefrorene Pfirsich Stücke
- 1 Handvoll Blattspinat
- 3 EL Chiasamen
- 3 TL Goji Beeren

Zutaten in einen Smoothie-Mixer geben und solange mixen, bis keine Stücke mehr vorhanden
sind.

❤ Für die fettarme Variante anstelle von Mandelmilch Wasser verwenden und die Chiasamen weg lassen.

Bananen-Milchshake mit Kardamom

- 500 ml Mandelmilch oder Cashewmilch
- 2-3 Bananen
- nach Belieben gemahlenen Kardamom oder Vanilleextrakt
- 1 Spritzer Zitrone

Zutaten in einen Smoothie-Mixer geben und solange mixen, bis keine Stücke mehr vorhanden
sind.

Veganer Mango-Lassi

- 1 Mango
- 150 ml Kokosmilch alternativ Mandelmilch
- 100 g Kokosjoghurt
- 1 Prise Kurkuma
- 1/2 Limette
- 1 EL Blütenpollen
- 1 EL Kokosraspeln

Die Mango schälen und in Stücke schneiden. Limette auspressen. Die Zutaten zusammen mit der Kokosmilch, dem Kokosjoghurt und dem Kurkuma in einen Smoothie-Mixer geben und so lange pürieren bis keine Stücke mehr vorhanden sind.

Anschließend in Gläser füllen und mit Kokosraspeln und Blütenpollen garnieren.

Apfel-Zimt-Bananen Milchshake

- 4 Äpfel ohne Kerngehäuse
- 2 Bananen
- ½ Liter Mandelmilch
- 1 EL Zimt
- Alle Zutaten in einen Mixer geben und pürieren.

Je nach Qualität des Mixers sollten die Äpfel vorher entsprechend klein geschnitten werden.

Veganer Joghurt mit Früchten

- Portion vegane und glutenfreie Joghurt-Starterkultur
- 600 ml Mandelmilch
- 400 ml Kokosmilch - mind. 75% Kokos, max. 25% Wasser
- 600 ml Mandelmilch oder andere Pflanzenmilch
- 1 TL Agar Agar (bitte keine Agartine nehmen)
- 250 g Erdbeeren oder anderen Früchten
- Honig

Mandelmilch und Kokosmilch müssen Zimmertemperatur haben. 100 ml Mandelmilch mit einem Päckchen Joghurt-Starterkultur verrühren.

200 ml Kokosmilch (vorher gut umrühren) in einem Kochtopf mit dem Agar Agar aufkochen und 3 Minuten köcheln lassen. Restliche Kokosmilch und Mandelmilch dazu geben und lauwarm werden lassen. ACHTUNG! Nicht zu warm, sonst überleben es die Joghurtkulturen nicht. Nun die 100 ml mit den Starterkulturen dazugeben und gut verrühren. Nun die Masse in einen Joghurtbereiter geben und je nach gewünschter Konsistenz 10-18 Std. unberührt stehen lassen. Sollte der Joghurt nicht die gewünschte Konsistenz haben, kann er danach noch mit Johannisbrotkernmehl angedickt werden. 1000 ml Joghurt mit 4 TL Johannisbrotkernmehl verrühren. Dann das Ganze in den Kühlschrank stellen.

Die Erdbeeren pürieren und unter die gewünschte Menge Joghurt rühren. Dann nach Belieben mit Honig süßen.

Eine andere Variante ist, einfach verschiedene Früchte klein zu schneiden und unter den Joghurt zu heben.

Lupinen-Mango-Joghurt

- 500 g Lupinenjoghurt
- 1 Mango
- Mangomark
- frische Vanille
- Honig

Mango schälen und in kleine Würfel schneiden.

Lupinenjoghurt mit beliebig viel Vanille und Honig verrühren. Mangostückchen unter den Joghurt heben.

Das Ganze nach Belieben mit Mangomark abschmecken.

Selbstverständlich kann auch der selbstgemachte Joghurt anstelle des Lupinenjoghurts verwendet werden.

Herzhafte Speisen

Aloo Gobi Masala

- 300 g Blumenkohl
- 200 g kleine Kartoffeln
- 1 große Zwiebel
- 150 g Tomaten
- 15 g Ingwer
- 3 Knoblauchzehen
- 1/2 TL schwarze Senfsaat
- Chili (scharf)
- Kurkuma (gemahlen)
- Koriander (gemahlen)
- Garam Masala
- Kreuzkümmel (gemahlen)
- 250 ml Wasser
- 2 EL Kokosnussmilch
- Zitronensaft
- Salz
- 2 EL Kokosöl

Blumenkohl in mundgerechte Stücke schneiden. Kartoffeln schälen und würfeln.

Knoblauch, Ingwer und Zwiebeln in ganz feine Würfel schneiden. Tomaten in kleine Stücke schneiden.

Kokosöl in Pfanne erhitzen und Zwiebeln, Senfsaat und gemahlene Gewürze darin anbraten.

Ich empfehle bei den Gewürzen jeweils ca. ¼ - ½ Teelöffel voll zu nehmen.

Knoblauch und Ingwer ebenfalls mit anbraten. Nun die Tomaten dazugeben und gut unter die Gewürze mischen, ebenfalls anbraten.

74

Kartoffeln und Blumenkohl dazugeben und untermengen.

Mit 250 ml Wasser aufgießen und für ca. 20-30 Minuten köcheln lassen, bis die Kartoffel gar sind.

Nun mit Kokosmilch, Salz, Zitronensaft und Curry abschmecken und mit frischen Koriander garnieren.

❤ Für die fettarme Variante auf das Öl beim Anbraten verzichten. Zwiebeln, Knoblauch, Ingwer und Gewürze können zusammen mit den Tomaten erhitzt werden, bevor Kartoffeln und Blumenkohl dazugegeben werden. Außerdem sollte auf die Kokosmilch verzichtet werden.

Chana Masala

- 1 Dose Kichererbsen (400 g)
- 1 große Zwiebel
- 5 Tomaten
- 1 TL Garam Masala (gemahlen)
- 1 TL Kurkuma (gemahlen)
- 1 Stück Ingwer
- 4 Knoblauchzehen
- 1 Chilischote
- 1 TL Kreuzkümmel (gemahlen)
- 1 TL Koriander (gemahlen)
- ½ TL Chilipulver
- 3 EL Kokosöl
- Salz
- 3/4 Tasse Wasser

Tomaten und Zwiebeln in Würfel schneiden. Chilischote in Stücke schneiden. Ingwer und Knoblauch im Mörser oder Mixer zu einer Paste verarbeiten.

Kokosöl in einer Pfanne erhitzen und alle gemahlenen Gewürze, die Ingwer-Knoblauchpaste und die Zwiebeln darin anbraten. Tomaten und Chili dazugeben und 10-15 Minuten köcheln lassen. Evtl. Wasser dazugeben.

Nun die Kichererbsen unterrühren und mit erhitzen. Mit einem Stampfer einige Kichererbsen zerdrücken, um eine etwas festere Soße zu erhalten. Nun mit Salz abschmecken.

Kann mit braunem Reis oder Kartoffeln serviert werden.

❤ Für die fettarme Variante auf das Öl beim Anbraten verzichten. Gewürze können mit den Tomaten und Zwiebel erhitzt werden, bevor die Kichererbsen dazu gegeben werden. Kichererbsen enthalten ca. 6 gramm Fett pro 100 gramm, sodass sie für eine fettfreie Ernährung nicht geeignet sind.

Indischer Süßkartoffel-Kichererbsen-Auflauf mit Maronen

- 750 g Süßkartoffeln
- 1 gr. Dose Kichererbsen (ca. 500 g)
- 1 Stange Lauch
- 3 Karotten
- 500 g passierte Tomaten
- 500 ml Wasser
- 1 Handvoll Cocktailtomaten
- 200 g gekochte Maronen
- 2 EL Kokosöl zum Braten
- 2 EL Curry
- Salz und Pfeffer
- Kreuzkümmel
- Paprikapulver, edelsüß
- etwas Gemüsebrühe (darauf achte das kein Mais, Weizen, Rapsöl oder ähnliches darin ist)
- 3 TL Honig

Süßkartoffeln und Karotten schälen und in mundgerechte Stücke schneiden. Die Kichererbsen abgießen und mit Wasser abspülen. Die Maronen auspacken (evtl. auch abspülen) und alles zusammen in eine große Auflaufform geben.

Die Gewürze im Kokosöl anbraten. Den Lauch in Scheiben schneiden und ebenfalls anbraten. im Kokosöl anbraten. Die passierten Tomaten und das Wasser hinzugeben und die Cocktailtomaten unterheben. Nun mit Salz und Gemüsebrühe (Pulver), Pfeffer und Honig abschmecken. Das Ganze aufkochen lassen und anschließend über das Gemüse in die Auflaufform gießen und gut vermengen.

Bei 180 °C Umluft 45 Minuten im Backofen garen.

❤️ Für die fettarme Variante die Gewürze und den Lauch zusammen mit den passierten Tomaten erhitzen. Kichererbsen enthalten ca. 6 gramm Fett pro 100 gramm und Maronen 4 gramm, sodass dieses Rezept für eine fettfreie oder sehr strenge fettarme Ernährung nicht geeignet ist.

Indisches Süßkartoffel-Kürbis-Curry

- 300 g Süßkartoffeln
- 200 g Hokkaidokürbis
- 500 ml Kokosmilch
- 2 Zwiebeln
- 2 große rote Paprika
- 100 g Cherrytomaten
- 100 g Zuckerschoten
- 1 EL frischer gehackter Ingwer
- 3 Knoblauchzehen
- 1 EL Tomatenmark
- 1 EL rote Currypaste (auf Inhaltsstoffe achten!)
- 2 TL Currypulver
- 1 Handvoll frischer Basilikum
- 1 Limette
- 1 Handvoll Cashewkerne
- Kokosöl
- Salz
- Pfeffer

Zwiebeln, Knoblauch und Ingwer fein hacken. Kürbis, Süßkartoffeln und Paprika in mundgerechte Würfel schneiden.

Kokosöl in Pfanne erhitzen und Zwiebeln, Knoblauch, Ingwer, Currypaste und Currypulver darin anbraten. Paprika, Süßkartoffel und Kürbis dazugeben, gut vermischen und für weitere 5 Minuten anbraten. Nun mit Kokosmilch auffüllen und 15 Minuten köcheln lassen und zwischendurch umrühren.

Basilikum klein hacken und Cherry-Tomaten halbieren. Nun zusammen mit den Zuckerschoten und Cashewnüssen in die Pfanne geben. Vorsichtig vermengen und noch einige Minuten köcheln lassen.

Zum Schluss mit Salz, Pfeffer und Limettensaft abschmecken.

Afrikanischer Süßkartoffeleintopf

- 800 g Süßkartoffeln
- 100 g Zwiebeln
- 3 Knoblauchzehen
- 1 Chilischote
- 1 Stück Ingwer
- 1 kg Tomate
- 1 EL gemahlener Koriander
- 1 EL gemahlener Kreuzkümmel
- Olivenöl
- 4 EL Erdnussbutter
- Salz und Pfeffer
- 40 g geröstete und gesalzene Erdnüsse (Achtung, dass sie nicht mit Rapsöl, Weizen o.ä. bearbeitet wurden)
- 1 Handvoll frischer Koriander
- 2 Stiele Minze

Süßkartoffeln und Tomaten in mundgerechte Stücke schneiden. Zwiebeln und Knoblauchzehen fein würfeln. Chilischote in kleine Scheiben schneiden. Ingwer schälen und fein hacken.

In einem großen Topf das Olivenöl erhitzen und Zwiebeln, Knoblauch, Ingwer und Gewürze darin anbraten. Chili, Tomaten, Erdnussbutter sowie 400 ml Wasser zugeben und alles aufkochen lassen. Süßkartoffeln dazugeben. Bei mittlerer Hitze etwa 15-20 Minuten kochen lassen. Mit Salz und Pfeffer abschmecken.

Erdnüsse, Koriander und Minze hacken und zum Servieren über den Eintopf streuen.

Auberginen Röllchen

- 1-2 Auberginen (je nach Größe)
- 4 Zwiebeln
- 2 Knoblauchzehen
- 12 getrocknete Tomaten in Öl (Achtung kein Rapsöl!)
- 12 Oliven
- 200 g Tomatenmark
- Salz
- Pfeffer
- 2 EL Olivenöl
- 2 Zweig Rosmarin
- 3 Zweige Oregano
- 1 Zweig Thymian
- oder anstelle der frischen Kräuter getrocknete Kräuter der Provence verwenden

Auberginen in dünne Scheiben schneiden. Mit Olivenöl von beiden Seiten anbraten und mit Salz und Pfeffer würzen. Die frischen Kräuter zupfen und in die Pfanne dazugeben. Die Auberginen wenden und von der anderen Seite würzen.

Die Zwiebeln in Scheiben und den Knoblauch klein hacken. Zwiebeln mit in die Pfanne geben. Auberginen aus der Pfanne nehmen und zur Seite legen. Nun die Zwiebelscheiben in der Pfanne verteilen und Tomatenmark dazugeben.
Kurz anbraten lassen. Mit Salz und Pfeffer abschmecken.

Anschließend die Auberginen mit der Tomatenmark-Kräuter-Zwiebelmasse bestreichen. Getrocknete Tomaten auf die Auberginenscheibe legen und wie eine Roulade aufrollen.
Das Ganze mit einem Holzspieß fixieren. Zum Garnieren eine Olive mit aufspießen.

Gemüse-Pfanne mit Erdnussmus und Mandeln

- 2 Karotten
- 1 Pastinake
- 1 Kohlrabi
- 1 kleiner Brokkoli
- 1 rote Paprikaschote
- 2 EL gehackte Petersilie
- 2 EL Erdnussmus
- 175 ml Wasser
- 4 TL Mandel Cuisine
- 2 TL frischer Zitronensaft
- ½ TL Gemüsebrühe (ohne Weizen, Mais, Rapsöl o.ä.)
- 1 Handvoll geschälte Mandeln
- 4 EL Kokosöl
- Salz
- Chiliflocken

Das Gemüse schälen und in mundgerechte Stücke schneiden. Pastinake separat halten.

Die Mandeln in einer Pfanne ohne Fett anrösten und zur Seite stellen.

Öl in einer Pfanne erhitzen und das geschnittene Gemüse (außer die Pastinake) bei mittlerer Hitze anbraten und immer wieder wenden. Die Pastinake erst nach ca. der halben Garzeit dazugeben.

Wenn das Gemüse gar ist (es darf auch ruhig noch Biss haben) das Erdnussmus und Wasser in die Pfanne geben und gut vermischen. Die übrigen Zutaten mit dazugeben und nach Belieben abschmecken. Nun den Herd ausmachen und die gerösteten Mandeln unterheben.

Kartoffelsuppe

- 1 Zwiebel
- 400 g Möhren
- 150 g Sellerie
- 150 g Lauch
- 800 g Kartoffeln
- 1 EL Kokosöl
- ½ Bund Petersilie
- 4 Blätter Liebstöckel
- 3 EL getrockneter Majoran
- 1 ½ Liter Gemüsebrühe (ohne Weizen, Rapsöl o.ä.)
- Salz
- Pfeffer

Gemüse würfeln, Lauch und Möhren in Scheiben schneiden.

In einem großen Topf das Öl erhitzen und Zwiebeln, Sellerie, Lauch und Möhren darin anbraten. Liebstöckel und Petersilie klein schneiden.

Den Majoran, die Liebstöckelblätter und die Kartoffeln in den Topf dazugeben.

Mit der Gemüsebrühe übergießen und bei geschlossenem Deckel ca. 10 - 15 Minuten kochen lassen, bis die Kartoffeln gar sind. Dann die Petersilie hinzugeben und alles mit dem Mixer grob pürieren. Mit Salz und Pfeffer abschmecken.

❤ Für die fettarme Variante die Zutaten ohne Öl in einer beschichteten Pfanne anbraten.

Kürbissuppe

- 500g Hokkaido Kürbis
- 2 EL Kokosöl
- 1 Zwiebel
- 2 Zehen Knoblauch
- 1 Stück Ingwer (ca. Daumengroß)
- 500ml Gemüsebrühe (ohne Weizen, Mais, Rapsöl o.ä.)
- Kokosmilch
- Salz
- Pfeffer
- Muskat

Kürbis waschen, halbieren, Kerne entfernen und in Würfel schneiden.

Zwiebeln, Ingwer und Knoblauch klein schneiden. In einem großen Topf das Öl erhitzen und Zwiebeln, Ingwer und Knoblauch darin anbraten.

Mit der Gemüsebrühe ablöschen und den Kürbis dazu geben. Von der Kokosmilch die festere Substanz dazu geben. Jetzt ca. 10 Minuten köcheln lassen, bis der Kürbis gar ist. Dann mit einem Mixer pürieren und mit Pfeffer, Salz und Muskatnuss abschmecken.

❤ Für die fettarme Variante die Zutaten ganz kurz ohne Öl (in einer beschichteten Pfanne) anbraten. Außerdem auf die Kokosmilch verzichten.

Grünkohl

- 300 g Grünkohl
- 150 g Kartoffeln
- 80 g Möhren
- 50 g Stangensellerie
- Kokosöl
- 1 Ltr. Gemüsebrühe (ohne Mais, Weizen, Rapsöl o.ä.)
- 2,5 EL Mandelmus
- 1 EL Tomatenmark
- 1 Lorbeerblatt
- Kristallsalz
- schwarzer Pfeffer
- 2 EL fein gehackte Petersilie

Grünkohl waschen und in Streifen schneiden. Kartoffeln schälen und würfeln. Möhren in Scheiben schneiden. Sellerie fein hacken.

Kokosöl in einem Topf erhitzen und Karotten und Sellerie darin anbraten. Nun das Tomatenmark gut unterrühren und kurz mit anbraten.
Mit Gemüsebrühe ablöschen. Lorbeerblatt dazu geben. Mit Salz und Pfeffer abschmecken.

Nun die Kartoffeln und den Grünkohl in den Topf geben und ca. 20 Minuten köcheln lassen.

Das Lorbeerblatt entfernen. Mandelmus unterrühren. Nochmal mit Salz und Pfeffer abschmecken.

Zum Servieren mit Petersilie garnieren.

❤ Für die fettarme Variante auf das Kokosöl und das Mandelmus verzichten. Zutaten kurz in einer beschichteten Pfanne anbraten.

Grünkohl african

- 1 Zwiebel
- 3 EL Kokosöl
- 500 g Grünkohl
- ½ Tasse Gemüsebrühe (ohne Weizen, Mais, Rapsöl o.ä.)
- 1 TL Kreuzkümmel (gemahlen)
- 1 TL Senfkörner
- 2 Knoblauchzehen
- 1 Peperoni
- Salz
- Pfeffer
- 2 EL Erdnussbutter mit Stückchen

Die Zwiebel klein würfeln. Den Grünkohl hacken. Kokosöl in Topf erhitzen und Zwiebeln darin anbraten. Nun Kreuzkümmel und Senfkörner dazugeben und ebenfalls kurz darin anbraten. Grünkohl dazugeben und dünsten.

Mit der Gemüsebrühe aufgießen. Knoblauch und Peperoni fein hacken und unterrühren.

Das Ganze solange garen, bis der Grünkohl die gewünschte Konsistenz hat. Er kann ruhig noch etwas Biss haben, aber auch ganz weich gekocht werden.

Zum Schluss die Erdnussbutter hinzufügen und noch einmal mit erwärmen.

Pommes mit Mandel-Mayo

Für die Pommes:
- 3 Kartoffeln
- Paprikagewürz
- Knoblauchpulver
- getrocknetes Rosmarin
- Salz

Kartoffeln schälen und in Stifte schneiden. In einer Schüssel je nach Geschmack, mit Paprikagewürz, Knoblauchpulver, getrocknetem Rosmarin und Salz würzen und sehr gut vermengen. Die Pommes auf einem Backblech mit Backpapier auslegen und unter mehrfachem Wenden, bei 180 Grad 25 Minuten goldbraun backen.

❤ Für die fettarme Variante kann als Dip (Ersatz zur Mandel-Mayo) die vegane Käsesoße aus diesem Buch verwendet warden.

Für die Mandel-Mayo
- 50 g weißes Mandelmus
- 100 g Wasser, kalt
- 1/2 Tl Gemüsebrühenpulver (Mais, Weizen, Rapsöl frei!)
- 1 Tl Senf
- 2 Tl Zitronensaft
- 125 g Olivenöl
- ½ TL Salz

Mandelmus, Wasser, Gemüsebrühenpulver, Senf, Zitronensaft und Salz in einen Mixer geben und auf hoher Stufe mixen, dabei langsam das Öl hinzugeben. Die Masse ist fertig gemixt, wenn die Konsistenz fest wie Mayonnaise ist. Die Mayonnaise kann vor dem Servieren kaltgestellt werden, muss aber nicht. Je nach Geschmack kann auch noch nachgewürzt werden.

Süßkartoffelpommes mit pikantem roten Dip

- 4 Süßkartoffeln
- Olivenöl
- Salz
- Pfeffer
- Currypulver
- Paprikapulver

Die Süßkartoffeln schälen, in Stifte schneiden und in eine große Schüssel geben.

Nun mit Olivenöl, Salz, Pfeffer, Currypulver und Paprikapulver würzen. Das Ganze mehrfach sehr gut umrühren. Wenn vorhanden, kann es auch in eine verschließbare Schüssel gegeben werden und dann kräftig geschüttelt werden.

Bei 200 Grad 15 Minuten auf Backpapier backen, anschließend wenden und weitere 10 Minuten backen.

- 2 El Mandelmus
- 200 ml Wasser
- 1 Spitzpaprika
- 2 Tomaten
- ½ - 1 Chilischote
- 1 EL Sonnenblumenlezithin
- 1 TL Paprikapulver
- 1/2 TL getrockneter Thymian
- ½ TL getrockneter Majoran
- 3 getrocknete und eingeweichte Tomaten

Paprika, frische Tomaten, Chilischote und getrocknete Tomaten klein schneiden und mit den anderen Zutaten in einen Mixer geben. Solange pürieren bis eine cremige-feste Konsistenz entsteht.

❤ Für die fettarme Variante auf das Olivenöl bei den Pommes und auf das Mandelmus beim Dip verzichten.

Ofengemüse

- 7 Kartoffeln
- 5 Tomaten
- 1 Zucchini
- 1 Aubergine
- 2 Zwiebeln
- 3 Knoblauchzehen
- 1 Spitzpaprika
- 2 TL Kräuter der Provence
- 6 EL Olivenöl
- Salz
- Pfeffer

Kartoffeln und Tomaten halbieren. Zucchini, Aubergine und Paprika in große Streifen schneiden. Zwiebeln in Spalten schneiden.

Das Gemüse auf ein mit Backpapier ausgelegtes Backblech legen und mit Salz und Pfeffer würzen.

Knoblauch sehr fein hacken und in einem Schälchen mit Öl und Kräutern vermischen. Das Öl gleichmäßig über das Gemüse träufeln.

Bei 200 Grad ca. 20 Minuten im Backofen garen.

❤ Für die fettarme Variante das Olivenöl mit Wasser ersetzen.

Rohkost Spaghetti mit Pesto

- 2 Zucchini
- 1 Handvoll getrocknete Tomaten
- 1 EL Pinienkerne
- 7 Blätter frischer Basilikum
- 1-2 Knoblauchzehen
- 2 EL Olivenöl
- 1 TL Paprikapulver
- 1 Prise Salz
- Pfeffer
- 125 ml Wasser

Mit einem Spiralschneider die Zucchinis zu Spaghetti schneiden. Eine Zucchini ergibt ungefähr eine Portion.

Für das Pesto:
Die getrockneten Tomaten, Knoblauchzehen, Pinienkernen, Basilikumblättern, das Olivenöl, Salz, Paprika, etwas Pfeffer und das Wasser in einen Mixer geben und pürieren. Nach und nach so viel Wasser dazugeben bis eine sämige Konsistenz entsteht. Es kann auch mit Chili gewürzt werden, wer es scharf mag. Viren mögen es nicht scharf ;-) Das Pesto anschließend über die Zucchini-Spaghetti geben.

Breite Zucchininudeln mit Cocktailtomaten

- 2 Zucchini
- 350 g Cocktailtomaten
- 10 Blätter frischer Basilikum
- Salz
- Pfeffer
- 2 TL Oregano
- etwas Olivenöl
- 1-2 Knoblauchzehen

Die Cocktailtomaten halbieren und mit etwas Olivenöl in einer Auflaufform vermischen. Bei im Backofen auf 180°C Umluft für ca. 15 Minuten schmoren.

In der Zwischenzeit die Zucchini mit einem Sparschäler in Streifen schneiden. Jetzt die Zucchininudeln zusammen mit gehacktem Knoblauch in etwas Olivenöl in einer Pfanne braten. Mit Salz und Pfeffer abschmecken. Am besten schmecken sie, wenn sie noch etwas Biss haben.

Die gebackenen Tomaten mit Oregano würzen.

Die Zucchininudeln auf einem Teller anrichten und die Tomaten darüber geben.

Basilikumblätter schneiden und die Nudeln damit garnieren.

Rettich-, Möhren-, Zucchininudeln mit Champignons

- 250 g weiße Champignons
- 250 g braune Champignons
- 1 Zwiebel
- 1 Knoblauchzehe
- 5 EL Mandelcuisine
- 1 Rettich
- 1 große Möhren
- 2 Zucchini
- Olivenöl
- Salz
- Pfeffer

Die Champignons halbieren, Rettich, Möhren und Zucchini mit einem Spiralschneider oder Sparschäler zu Streifen schneiden. Knoblauch hacken und Zwiebeln würfeln.

Olivenöl in einer Pfanne erhitzen, Knoblauch und Zwiebel kurz anbraten, die Pilze dazugeben und sie ca. 10 Minuten garen. Die Mandelcuisine und das Gemüse hinzufügen. mit Salz und Pfeffer abschmecken.

Öl in einer weiteren Pfanne erhitzen und die Gemüsenudeln ca. 10 Minuten bei mittlerer Hitze darin braten. Wenn sie noch etwas Biss haben schmecken sie am besten. Mit Salz und Pfeffer abschmecken.

Gemüse in einer Art Nestform auf einem Teller anrichten und die Pilze in die Mitte legen.

Brennesselspinat 💔

- 1 kg Brennnesseln (junge Spitzen)
- 1 Zwiebel
- 1 Zitrone
- Knoblauch
- Salz
- Pfeffer

Brennnesseln waschen und 3 Minuten kochen. Anschließend absieben und das Wasser auffangen.

Nun die Brennnesseln in einem Mixer pürieren. Die Zwiebeln kleinschneiden und anbraten. Nun die Brennnesseln hinzugeben. Ja nach Geschmack mit Zitronensaft, Pfeffer, Salz und Knoblauch würzen.

Der Brennesselspinat passt zu vielen Gerichten. Ich esse ihn sehr gerne mit Kartoffelpüree.

Kartoffelpüree

- 1,5 kg Kartoffeln
- 1 EL Senf
- 3 EL Olivenöl
- etwas Muskat
- evtl. Salz

Die Kartoffeln schälen, in Würfel schneiden und in gesalzenem Wasser weichkochen. Wenn die Kartoffeln gar sind, mit einem Sieb abschütten und eine Tasse des Wassers auffangen.

Die Kartoffeln mit einem Stampfer zerdrücken. Währenddessen Olivenöl und soviel vom Kartoffelwasser dazugeben, bis ein Brei entsteht. Mit Senf und Muskat würzen. Je nach Geschmack evtl. noch etwas salzen.

Sehr lecker ist es auch, einen Teil der Kartoffeln durch anderes Wurzelgemüse zu ersetzen. Zum Beispiel 300-500 g Pastinaken, Petersilienwurzeln oder Möhren.

Ich esse das Kartoffelpüree gerne mit Spinat und veganen Frikadellen oder mit gedünsteten Zwiebeln.

❤ Für die fettarme Variante einfach das Öl weg lassen.

Vegane Käsesoße

- 150 g Kartoffeln
- 60 g Möhren
- 1 Zwiebel
- 250 ml Wasser
- 60 g Cashewnüsse
- 1 Knoblauchzehe
- 1 gestr. TL Senf oder ½ TL Gemüsebrühe
- 1 Prise Cayennepfeffer
- Salz
- 1 EL frischer Zitronensaft

Kartoffeln, Möhren und Zwiebel klein schneiden und in 250 ml Wasser weichkochen.

Anschließend das Gemüse mitsamt dem Kochwasser in einen Mixer geben. Cashewnüsse, Knoblauchzehe, Senf, Zitronensaft, und eine Prise Salz dazu geben.

Die restlichen Zutaten hinzufügen und solange pürieren bis keine Stückchen mehr vorhanden sind. Die Konsistenz sollte cremig sein.

Diese Soße ist gut geeignet für Nudeln, Aufläufe, Pizzen und als Dip.

💔 Für die fettarme Variante einfach die Cashewnüsse weglassen. Je nach Geschmack kann etwas weniger Wasser verwendet werde, damit die Soße etwas dicker ist.

Pizza mit Käsesauce ❤

Für den Teig
- 1 Tasse Kichererbsenmehl oder Kasatanienmehl
- 3 gehäufte EL Flohsamenschalen
- 3 gehäufte EL Kartoffelmehl
- 1 gehäufter TL Natron
- ½ Tasse heißes Wasser
- Saft einer halben Zitrone
- 1 Prise Salz

Für die Soße
- 250 ml passierte Tomaten
- 1 Zwiebel
- 1 Knoblauchzehe
- 1 Esslöffel getrockneter Oregano
- Salz & Pfeffer
- 1 Handvoll frisches Basilikum
- n.B. Zutaten als Belag: z.B. Pilze, Oliven, Paprika, Zucchini...
- die Käsesauce vom vorherigen

Für den Teig:
Die trockenen Zutaten miteinander vermischen. Das Wasser und den Saft einer halben Zitrone miteinander verrühren. Nun die Flüssigkeit zu den trockenen Zutaten geben und zu einem Teig verkneten. Den Teig halbieren und zu zwei Kugeln rollen. Die Kugeln mit der flachen Hand platt drücken und anschließend zu Pizzen ausrollen. Am besten die Unterlage und Teigrolle mit Kichererbsen- oder Kastanienmehl bestäuben, damit der Teig nicht kleben bleibt. Wer keine Teigrolle hat, kann ein Glas verwenden oder den Teig vorsichtig mit den Fingern platt drücken. Ich rolle die Pizzen so dünn aus wie möglich. Jedoch so, dass sie nebeneinander auf einem Gitter im Ofen Platz haben.

Für die Tomatensauce:
In eine Schüssel die passierten Tomaten geben. Knoblauch darüber ausdrücken. Die Zwiebel in feine Würfel schneiden und dazu geben. Den Basilikum fein hacken und untermischen. Mit Salz, Pfeffer und Oregano würzen und gut vermischen.

Die Pizzaböden bei 200 Grad für 15 Minuten backen. Dann aus dem Ofen nehmen und mit der Tomatensauce bestreichen. Evtl. mit weiteren Zutaten belegen wie zum Beispiel Pilzen, Peperoni, Paprika oder Oliven.

Zum Schluss beliebig viel der Käsesoße darüber verteilen und für weitere 10-15 Minuten backen.

Die Pizza schmeckt auch hervorragend ohne Käsesoße. Ich esse sie ohne Käsesoße und belege sie unmittelbar vor dem Verzehr mit frischem Ruccola.

Obwohl Anthony William Soya aufzählt, unter "Was Sie besser nicht essen" sagt er, dass wenn man sehr gerne Soja isst, dies tun kann, wenn es sich um ausgewiesenes gentechnikfreies Soja handelt. In diesem Kontext erwähnt er auch, dass Soja früher ein gesundes Nahrungsmittel war. Deswegen erlaube ich mir an dieser Stelle als absolute Ausnahme zu schreiben: Wenn Du keine Lust hast die Käsesoße zu machen, könntest du, wenn es deine Konstitution erlaubt auch, Sojakäse zum überbacken nehmen. Allerdings sollte er frei sein von Rapsöl, Palmöl und Gentechnik.

Lasagne 🌾

- 1 Pck. Lasagneplatten aus braunem Reis (gibt es im Internet zu bestellen)
- 1 Brokkoli
- 500 g Champignons
- Muskat
- 1 Aubergine
- 2 Zucchini
- 2 Dosen Tomaten
- 5 frische Tomaten
- Olivenöl
- 500 ml Mandelmilch
- 1 EL Kastanien Mehl
- 1 Knoblauchzehe
- Salz
- Pfeffer
- wenig Wasser
- eine der beiden Käsesaucen aus diesem Buch.

Brokkoli in kleine Röschen teilen. Die Champignons in Scheiben schneiden. Aubergine, Zucchini und Tomaten würfeln. Knoblauch fein hacken

In einer großen Pfanne das Olivenöl erhitzen. Knoblauch anbraten.

Anschließend Pilze, Auberginen, Zucchini und Brokkoli hinzugeben.

Etwas Wasser dazugeben und mit geschlossenem Deckel garen. Zum Schluss die Tomaten aus der Dose und die frischen Tomaten dazugeben. Ca. 10-15 Minuten köcheln lassen.

In einer Auflaufform 1/3 der Lasagneplatten auf dem Boden verteilen, darauf die Hälfte des gekochten Gemüses geben. Darauf wieder 1/3 der Lasagneplatten verteilen. Nun folgt die zweite Hälfte vom Gemüse (wobei 1 Tasse davon abgenommen wird). Dieses mit den restlichen Lasagneplatten bedecken. Die Tasse mit dem Gemüse darüber geben und nun das Ganze mit Käsesauce bedecken.

Bei 180 Grad ca. 45 Minuten backen, bis die Lasagneplatten gar sind.

Kelpnudeln mit Gemüse

- 150 g Kelpnudeln
- 1 Bund Frühlingszwiebeln
- 2-3 Möhren
- 1 Knoblauchzehe
- 1 EL frischer Zitronensaft
- 1 EL Olivenöl
- ½ TL Senf
- 1 EL Wasser
- Salz
- Pfeffer

Die Knoblauchzehe ausdrücken und mit Zitronensaft, Olivenöl, Senf, Wasser, Salz und Pfeffer in einer Schüssel vermischen.

Die Kelp-Nudeln unter fließendem Wasser waschen und mit einer Schere etwas kleiner schneiden. Das Grün der Frühlingszwiebeln in dünne Ringe schneiden. Die Möhren in sehr feine Würfel oder Stifte schneiden. Nudeln, Frühlingszwiebeln und Möhren in einer Schüssel mit der Soße übergießen und gut vermischen.

❤ Für die fettarme Variante einfach das Öl weg lassen.

Nudeln mit Linsenbolognese

- 2 Zwiebeln
- 2 Knoblauchzehen
- 2 Karotten (wahlweise zusätzlich etwas Sellerie, Pilze, Aubergine oder Zucchini)
- 1 EL Olivenöl
- 130 g Rote Linsen
- 4 EL Tomatenmark
- 500 ml Gemüsebrühe (Beim Kauf drauf achte: frei von Mais, Rapsöl, Weizen etc.)
- 200 g gehackte Tomaten
- Gewürze z.B. Oregano, Basilikum, Paprikapulver edelsüß, Chili
- Salz
- Pfeffer
- Linsennudeln

Zwiebeln und Knoblauch schälen und fein schneiden. Karotte und anderes Gemüse würfeln.

Es können je nach Geschmack, zu den Karotten auch eine kleine Stange Sellerie, eine halbe Aubergine, eine kleine Zucchini oder ein paar Pilze verwendet werden.

Olivenöl in einer großen Pfanne erhitzen. Zwiebeln und Knoblauch darin kurz anbraten, jetzt Karotte, Gemüse, Linsen und Tomatenmark hinzufügen. Kurz anbraten, anschließend gehackte Tomaten hinzufügen.

Jetzt das Ganze mit Gemüsebrühe übergießen.

Ca. 10 Minuten köcheln lassen, bis die Linsen fertig sind. In der Zwischenzeit Linsennudeln kochen.

Anschließend mit beliebig viel Oregano, Basilikum, Paprikapulver, Chili, Salz und Pfeffer würzen. Nun zu den Linsennudeln servieren.

♥ Für die fettarme Variante das Öl weg lassen und die Zutaten kurz in einer beschichteten Pfanne anbraten.

Rohkost Kürbisspaghetti mit Pesto

- 2 Butternut-Kürbisse
- 60 g Sonnenblumenkerne
- 7 EL Giersch
- 1 gestr. TL Salz
- 1 gestr. TL Pfeffer
- 1 Prise Muskat
- 80 g Erdnüsse
- 20 g Kürbiskerne
- 1 Zitrone
- 7 Blätter Basilikum
- 1 TL gemahlenes Kurkuma
- Chilipulver

Sonnenblumenkerne in einem Gefäß mit Wasser über Nacht einweichen lassen. In einem weiteren Gefäß die Kürbiskerne einweichen lassen.

Für das Sonnenblumenkern-Giersch-Pesto:
Gierschblätter klein schneiden. Die eingeweichten Sonnenblumenkerne mit ein Wenig des Einweichwassers in einem Mixer pürieren. Die Gierschblätter, Salz, Pfeffer und Muskatnuss hinzufügen und pürieren. Evtl. am Ende noch etwas mehr Wasser hinzufügen.

Für das Erdnuss-Kürbiskern-Basilikum-Pesto:
Basilikumblätter klein schneiden. Die eingeweichten Erdnüsse und Kürbiskerne mit ein Wenig des Einweichwassers und dem frischen Saft einer Zitrone in einem Mixer pürieren. Die Basilikumblätter, 1 Prise Salz, Kurkuma und Chili hinzufügen und pürieren. Evtl. am Ende noch etwas mehr Wasser dazugeben.

Die Butternut-Kürbisse:
Mit einem Sparschäler oder Messer die Schale entfernen. Anschließend mit einem Spiralschneider zu Spaghetti schneiden. Die beiden Pestos darüber geben und genießen.

Schnelle Asia Kokossuppe

- 1 Stck. Ingwer
- 2 Tl rote Thai- Curry-Paste (ohne Geschmacksverstärker, Mais, Rapsöl, Weizen o.ä.)
- 2 El Olivenöl
- 1 Päckchen tiefgekühltes Asiagemüse
- 400 ml Kokosmilch
- 300 ml Gemüsebrühe (ohne Mais, Weizen, Rapsöl o.ä.)
- 1 Pck. frischer Koriander
- 2-3 Tl Zitronensaft

Öl in einem Topf erhitzen. Geschälten und gehackten Ingwer zusammen mit Currypaste darin anbraten.

Das gefrorene Asiagemüse dazu geben und mit anbraten. Nun das Ganze mit der Kokosmilch und Gemüsebrühe aufgießen und 5-10 Minuten köcheln lassen.

Von der Herdplatte nehmen und gehackten Koriander und Zitronensaft dazugeben.

Brokkolicreme-Suppe

- 550 g Brokkoli
- 1 Zwiebel
- 1 Liter Gemüsebrühe
- 2 EL Kokosöl
- 3 EL weißes Mandelmus
- Salz
- Pfeffer
- 1 Prise Muskatnuss

Zwiebeln würfeln. Brokkoli klein schneiden. Öl in einem Topf erhitzen. Zwiebeln darin anbraten. Jetzt Brokkoli mit dazugebe und ganz kurz anbraten. Nun mit Gemüsebrühe aufgießen.

Die Zutaten bei mittlerer Hitze ca. 10 Minuten köcheln lassen. Je nach Mixer muss das Ganze evtl. bevor es püriert wird etwas abkühlen.

Das Mandelmus dazugeben und mit einem Pürierstab oder Standmixer cremig pürieren. Wer fettreduziert essen möchte kann das Mandelmus einfach weglassen.

Die Brokkolicreme-Suppe wieder in den Topf geben und erneut erwärmen. Dann mit Salz, Pfeffer und Muskat würzen.

❣ Für die fettarme Variante, die Zutaten ohne Öl in einer beschichteten Pfanne anbraten und das Mandelmus weg lassen.

Currylinsensuppe

- 1 Zwiebel
- 1 Knoblauchzehe
- 20 g Ingwer
- 300 g Möhren
- Olivenöl
- 100 g rote Linsen
- 1 TL Tomatenmark
- 1 TL Currypulver
- ½ TL gemahlener Kreuzkümmel
- 1 Liter Gemüsebrühe (ohne Weizen, Rapsöl, Mais o.ä.)
- 4 Stiele Koriandergrün
- 100 ml Mandelcuisine
- 1-2 TL Harissa (auf die Inhaltsstoffe achten!)
- 3 EL gesalzene Pistazien
- 1 Zitrone

Zwiebel, Knoblauch, Möhren und Ingwer in kleine Würfel schneiden. Olivenöl in einem Topf erhitzen und Zwiebel, Knoblauch und Ingwer darin anbraten. Möhren dazugeben und 3 Minuten mitdünsten. Linsen dazugeben und ebenfalls kurz mitdünsten. Tomatenmark, Curry und Kreuzkümmel in den Topf geben und mit anbraten, dabei umrühren. Mit Gemüsebrühe ablöschen und im geschlossenen Topf ca. 15 Minuten köcheln lassen. Währenddessen die Blätter des Koriandergrüns abzupfen und klein schneiden. Die Mandelcuisine mit Harissa verrühren. Pistazien fein hacken.
Die Suppe mit einem Mixer fein pürieren. Mit Salz und einigen Spritzern Zitronensaft abschmecken.

Nun kann die Suppe mit Koriander, Harissa-Cuisine und Pistazien garniert und serviert werden.

❤ Für die fettarme Variante, die Zutaten ohne Öl in einer beschichteten Pfanne kurz anbraten. Die Mandelcuisine und die Pistazien weg lassen.

Gemüsecurry

- 2 Zucchini
- 1 Stange Lauch
- 1 Paprikaschote
- 1 große Zwiebel
- 2 Knoblauchzehen
- 2 Möhren
- 2 Tomaten
- 1 Dose Kokosmilch
- Kokosfett
- etwas Currypaste, grüne oder gelbe
- Kurkuma
- Salz und Pfeffer
- Currypulver
- 300 g brauner Vollkornreis oder Kartoffeln als Beilage
- wahlweise anderes Gemüse, Sprossen oder Pilze

Während man das Gemüsecurry zubereitet, kann man entweder Reis oder Kartoffeln als Beilage köcheln lassen. Laut Anthony William sollte man wenn man Symptome hat auch auf Vollkornreis verzichten.

Zwiebel und Knoblauch fein würfeln. Das übrige Gemüse in mundgerechte Stücke schneiden. Zwiebeln und Knoblauch in dem Kokosfett anbraten. Nun Paprika, Zucchini und Karotten hinzugeben. Kurkuma, Currypulver und Currypaste mit anbraten. Nachdem alles angebraten ist das Ganze mit Kokosmilch aufgießen und die Tomaten hinzugeben.

Nun je nach Geschmack mit Salz, Pfeffer und Currypulver würzen. Solange köcheln lassen bis das Gemüse die gewünschte Konsistenz hat.

Mit Kartoffeln oder braunem Reis servieren.

Hirsepfanne mit Pilzen und Gemüse

- 200 g Hirse
- 2 Chilischoten
- 1/2 TL Kurkuma
- 1 TL Kreuzkümmel
- ½ TL Muskat
- 4 Knoblauchzehen
- 1 Stück Ingwer
- 3 Zwiebel
- 1 Zucchini
- 1 Stange Lauch
- 1 Päck. Mandelcuisine
- 3 EL Olivenöl
- 7 Champignons
- 2-3 Möhren
- Pfeffer
- Salz

Die Hirse in einer großen Pfanne mit Wasser bedecken. Einmal aufkochen und dann bei schwacher Flamme so lange quellen lassen bis keine Flüssigkeit mehr vorhanden ist.

Währenddessen die Möhren und Zucchini raspeln. Champignons in Scheiben schneiden. Das Grün vom Lauch in Ringe schneiden.

Ingwer fein hacken. Chilischoten in feine Scheiben schneiden. Knoblauch und Zwiebeln ganz fein würfeln.

Nun erneut 2 Tassen Wasser zu der Hirse dazugeben.

Jetzt das Gemüse, das Sesamöl, die Mandelcuisine und alle Gewürze mit der Hirse und dem Wasser vermengen. Bei geringer Hitze für ca. 20 Minuten garen. Wenn nicht mehr genug Wasser in der Pfanne vorhanden ist noch etwas Neues hinzugießen.

Zum Schluss noch einmal mit Salz, Pfeffer und wahlweise anderen Gewürzen abschmecken.

Die Hirse kann nun serviert werden.

Alternativ können Bratlinge aus der Hirse geformt werden und auf beiden Seiten goldbraun gebraten werden.

Man kann selbstverständlich auch mit den Gewürzen und dem Gemüse variieren und es durch anderes ersetzen.

Vegane Frikadellen ᛉ

- 1 Dose Kidneybohnen, 425 ml, inkl. Flüssigkeit
- ½ Tasse Hirse
- 1 große Zwiebel
- 1 Knoblauchzehe
- 2-3 EL Leinsamen
- 2 Tassen glutenfreie Haferflocken
- 1 TL Salz
- 1 TL scharfes Paprikapulver
- 1 TL Kreuzkümmelpulver
- 1 TL gemahlener Liebstöckel
- 1 Bund frische Petersilie
- Olivenöl
- Kastanien Mehl

Leinsamen mit Wasser bedecken und 30 Minuten quellen lassen, danach im Mixer pürieren.

Zwiebel und Knoblauch in feine Würfel schneiden. Olivenöl in einem Topf erhitzen und die Zwiebeln und den Knoblauch darin anbraten.

Nun die Hirse dazugeben, gut vermengen und mit Wasser auffüllen, soweit das die Hirse bedeckt ist. Das Ganze 1 Minute kochen und dann bei schwacher Flamme quellen lassen, bis die Hirse gar ist.

Währenddessen die Kidneybohnen mitsamt der Flüssigkeit in einer großen Schüssel mit einem Kartoffelstampfer zerdrücken. Nun die glutenfreien Haferflocken, die pürierten Leinsamen und die gekochte Hirse dazugeben und gut vermischen.

Die Petersilie zupfen, klein hacken und zusammen mit den anderen Gewürzen in die Schüssel geben. Das Ganze mit den Händen gut durchkneten und ca. 20 Minuten ziehen lassen. Nochmals durchkneten.

Jetzt beliebig große Frikadellen formen und kurz im Kastanienmehl wenden, damit sie nicht in der Pfanne ankleben.

Zum Schluss Olivenöl in einer Pfanne erhitzen und die Frikadellen von beiden Seiten braun braten.

Kann gut zu einem Salat serviert werden.

Kartoffelgulasch ❤

- 1,5 kg Kartoffeln
- 2 rote Paprika
- 3 Möhren
- 2 Zwiebeln
- 1 TL Paprikapulver (edelsüß)
- 1 Prise Paprikapulver (rosenscharf)
- 1 Zitrone
- 4 EL Tomatenmark
- 1-1,5 l Gemüsebrühe (ohne Rapsöl, Mais, Gluten o.ä.)
- 3 Stängel Majoran
- 1 Tl Kümmelsamen
- Salz
- Pfeffer

Kartoffeln, Paprika, Möhren und Zwiebeln in Würfel schneiden. Das Gemüse in einer beschichteten Pfanne anbraten. Nun einen Schuss Wasser dazugeben und das Gemüse etwas andünsten lassen. Jetzt mit Paprikapulver und Tomatenmark würzen und drei Minuten erhitzen. Nun das ganze mit Gemüsebrühe übergießen. Soviel, dass das Gemüse bedeckt ist.

Mit dem Abrieb der Zitrone, den Blättern von Majoran, Kümmel, Pfeffer, Salz und einem Spritzer Zitronensaft verfeinern. Das Gemüse solange köcheln lassen, bis die Kartoffeln gar sind (ca. 15 Minuten).

Vor dem Servieren noch einmal abschmecken.

Wildkräuter Salat

- 120 g Löwenzahn
- 120 g Sauerampfer
- 50 g Spitzwegerich
- 50 g Schafgarbe
- 1 kleine Zwiebel
- 80 g Walnusskerne

- 1 TL Senf
- 1 EL Honig
- 4 EL Apfelessig
- 4 EL Olivenöl
- Salz
- Pfeffer
- Paprikapulver edelsüß

Die Wildkräuter gut waschen und in Stücke schneiden. Öl, Apfelessig, Salz, Pfeffer, Paprikapulver, Honig und Senf in eine kleine Schüssel geben und zu einem Dressing verrühren. Zwiebel in kleine Würfel schneiden und zu dem Dressing dazu geben. Ebenso die Walnüsse unter das Dressing geben. Nun die Wildkräuter mit dem Dressing vermischen und servieren.

Je nach Konstitution sollte auf Essig verzichtet werden oder nur in Ausnahmefällen verwendet werden, da er nicht gut für die Leber ist.

Für den Salat können auch andere Wildkräuter wie Bärlauch, Brennnessel, Gänseblümchen, Giersch, Gundermann, Hirtentäschel, Kletten-Labkraut oder Knoblauchsrauke verwendet werden.

❤ Für die fettarme und essigfreie Variante kann zum Beispiel das Orangen-Dressing aus diesem Buch verwednet werden. Außerdem sollte auf die Nüsse verzichtet werden.

Apfel-Karotten-Sprossen-Salat

- 3-4 EL Rosinen
- 250 g Möhren
- 2 Äpfel
- 100 g Radieschen
- 2 EL Sesam
- 4 EL Olivenöl
- 2 EL Sesampaste
- 1 EL Zitronensaft
- 1 EL Honig
- Salz
- Pfeffer
- 2 Stängel Minze
- 3 Stängel Petersilie
- 50 g Alfalfa-Sprossen

Rosinen ca. 30 Minuten in warmem Wasser einweichen. Karotten mit einer Gemüseraspel klein raspeln. Äpfel schälen und klein würfeln. Radieschen in feine Scheiben schneiden. Die Kräuter fein hacken. Den Sesam in einer Pfanne am besten ohne Fett rösten.

Öl, Sesampaste, Zitronensaft, Honig, Salz und Pfeffer vermischen, bis eine Soße entsteht. Den gerösteten Sesam dazugeben.

Karotten, Äpfeln, Radieschen, Kräutern vermischen. Rosinen aus dem Wasser entnehmen und dazugeben. Alfalfa-Sprossen darüber streuen.

Nun mit der Soße vermischen und servieren.

Zucchini Champignon Salat

- 2 Zucchini
- 200 g braune Champignons
- 3 Knoblauchzehen
- 1 Zitrone
- 2 EL Olivenöl
- 1 Prise Salz
- ½ TL Pfeffer

Beide Zucchinis der Länge nach halbieren und in dünne Scheiben schneiden. Die Champignons ebenfalls in dünne Scheiben schneiden.

Zucchini und Champignonscheiben in eine große Schüssel geben und gut vermischen.

In eine kleine Schale das Öl geben. Die Knoblauchzehen darüber ausdrücken. Die Zitronenschale abreiben und dazugeben. Die Zitrone auspressen und den Zitronensaft gut mit den übrigen Zutaten vermischen. Nun mit Salz und Pfeffer abschmecken.

Vor dem Servieren mindestens 15 Minuten durchziehen lassen.

Feldsalat mit Apfel-Dressing

- 150 g Feldsalat
- 1 Zwiebel
- ½ Apfel
- 3 EL Apfelessig
- 1 EL Honig
- 1 TL Senf
- 5 EL Gemüsebrühe (ohne Weizen, Mais, Rapsöl o.ä.)
- 2 EL gehackte Petersilie
- Salz
- Pfeffer
- 2 EL Olivenöl
- n.B. Walnüsse

Zwiebel und Apfel in sehr feine Würfel schneiden.

Essig, Honig, Senf, Gemüsebrühe, Petersilie, Salz und Pfeffer in eine Schüssel geben und gut vermischen. Anschließend das Öl unterrühren und die Apfel- und Zwiebelwürfel untermengen.

Feldsalat in eine große Schüssel geben und das Dressing damit vermischen. Nach Bedarf mit Walnüssen garnieren.

❤ Für die fettarme Variante, kann das Öl einfach weg gelassen werden. Für die essigfreie Variante kann anstelle von 3 EL Apfelessig, 1-2 EL frischer Zitronensaft verwendet werden.

Linsensprossensalat mit Ingwer Dressing

- 350 g Linsensprossen (aus ca. 100 g getrockneten Berglinsen gezogen)
- 150 g Salatgurke
- 1 Apfel
- 25 g Haselnüsse
- 1 Avocado
- 1 Lauchzwiebel
- 2 EL gehackte Petersilie
- 1 EL Olivenöl
- 1 EL frischer Zitronensaft
- 1 TL Apfeldicksaft
- 1 TL frischer fein gehackter Ingwer
- Pfeffer
- Salz

Über Nacht die Haselnüsse in Wasser einweichen.

In einer kleinen Schüssel das Olivenöl, den Zitronensaft, den Apfeldicksaft, den Ingwer und die Petersilie zu einer Soße verrühren.

Die Lauchzwiebel in feine Scheiben schneiden. Den Apfel und die Salatgurke in kleine Würfel schneiden. Die Avocado ebenfalls fein würfeln. Lauchzwiebeln, Gurke, Apfel und Avocado in eine Salatschüssel geben.

Die Haselnüsse aus dem Wasser entnehmen und zusammen mit den Linsensprossen ebenfalls in die Salatschüssel geben. Die Soße darüber gießen und vorsichtig untermengen.

Mit Salz und Pfeffer abschmecken und servieren.

Einfacher Rotkohlsalat ❤

- ½ Rotkohl
- 1 Zwiebel
- 1 EL Zitronensaft
- Honig
- Salz
- Pfeffer

Rotkohl in dünne Streifen schneiden. Zwiebel würfeln und dazu geben.

Mit Zitronensaft, Salz, Pfeffer und Honig abschmecken.

Das Ganze gut durchkneten und für mehrere Stunden ziehen lassen.

Rotkohlsalat mit Früchten

- 250 g Rotkohl
- 1 Zwiebel
- 2 Äpfel
- 1 Banane
- 1 Zitrone
- 2 Orange
- 12 Walnüsse
- 1 TL Honig
- 4 EL Olivenöl

Den Kohl in sehr dünne Streifen schneiden und in eine große Schüssel geben.
Die Zwiebel in kleine Würfel schneiden und zum Kohl dazugeben, mit Salz und Pfeffer abschmecken.

Die Zitrone und eine Orange auspressen.
Die Äpfel und Orange würfeln, die Banane in Scheiben schneiden und unter den Kohl mischen. Honig und Olivenöl dazugeben.

Jetzt mit beliebig viel Zitronensaft und 1-3 TL Orangensaft übergießen.

Das Ganze gut vermischen. Walnüsse etwas zerkleinern und über den Salat geben.

Eh man den Salat serviert, sollte man ihn zugedeckt ca. eine halbe Stunde ziehen lassen, dann entfaltet er mehr Geschmack.

❤ Für die fettarme Variante einfach das Öl und die Nüsse weg lassen.

Kürbissalat

- 400 g Kürbis
- 1 TL Senf
- 4 EL Olivenöl
- 1 Zwiebel
- Salz
- 2 TL Honig
- 3 Tomaten
- Schnittlauch

Den Kürbis schälen und fein hobeln. Die Zwiebel und die Tomaten in kleine Würfel schneiden und in eine große Schüssel geben.

Senf, Olivenöl, Honig und Salz in einer separaten Schüssel vermischen.
Nun das Dressing über den Kürbis geben und gut vermengen.

Schnittlauch fein schneiden und darüber geben.

Für ca. 8 Stunden zugedeckt in den Kühlschrank stellen und durchziehen lassen.

❤ Für die fettarme Variante das Olivenöl mit 2 EL Wasser und 1 EL frischem Zitronensaft ersetzen.

Brokkoli-Salat

- 1 Brokkoli
- 1 rote Paprikaschote
- 1 gelbe Paprikaschote
- 1 Handvoll Petersilie
- 1 Handvoll Pinienkerne
- etwas Zitronensaft
- 2 TL Honig
- 2 EL Mandelcuisine
- 2 EL Erdnussmus
- Salz
- Pfeffer

Den Brokkoli zu kleinen Röschen zerschneiden. Die Paprikas würfeln und zusammen mit dem Brokkoli in eine große Schüssel geben.

Pinienkerne ohne Öl in einer Pfanne rösten.

In einer separaten kleinen Schüssel Mandelcuisine, Erdnussmus, Petersilie, Honig, Zitronensaft, Salz und Pfeffer vermischen.

Das Dressing unter das Gemüse mischen und mit Pinienkerne garnieren.

❤ Für die fettarme Variante Mandelcuisine und Erdnussmus mit 1 TL Senf und 2 EL Wasser ersetzen. Außerdem sollten die Pinienkerne weg gelassen werden.

Gemischter Salat mit Orangendressing 💔

- ½ Kopf Eisbergsalat
- 1 Handvoll frischer junger Spinat
- 1 Handvoll Ruccola
- 1 Handvoll Feldsalat
- 1 kleine rote Paprika
- 1 kleine gelbe Paprika
- 100 g Kidneybohnen
- 3 Frühlingszwiebeln
- 1 Möhre
- 2 Tomaten

- 100 ml frisch gepresster Orangensaft
- 2 EL Honig
- 1 Beutel Salatkräuter (ohne Zucker, Gluten, Weizen o.ä.)
- 2 Stiele frische Petersilie
- n.B. eine kleine Zwiebel
- n.B. Salz und Pfeffer

Eisbergsalat, Spinat, Paprika und Tomaten in mundgerechte Stücke schneiden. Möhre fein raspeln. Frühlingszwiebel in Scheibchen schneiden. Diese Zutaten zusammen mit dem Feldsalat, Ruccola und den Kidneybohnen in eine große Schüssel geben.

Den Orangensaft in eine Schüssel geben. Den Honig solange unterrühren, bis er sich ganz mit dem Saft vermischt hat. Die Petersilie vom Stiel entfernen und fein hacken. Zusammen mit den Salatkräutern unter den Saft mischen. Nach Bedarf kann eine fein gewürfelte Zwiebel dazu gegeben werden und das Ganze mit Pfeffer und Salz abgeschmeckt werden.

Das Dressing über den Salat geben und gut vermischen.

Rotebeete Salat

- 2 rohe Rote Bete
- 1 Apfel
- 1 Zwiebel
- 4 EL Olivenöl
- 1 EL frischer Zitronensaft
- 2 TL Honig
- Salz
- Pfeffer

Die Schale von der Roten Bete entfernen und anschließend die Rote Bete mit einer Reibe raspeln. Den Apfel vom Gehäuse entfernen und klein raspeln. Die Zwiebel fein würfeln. Diese Zutaten zusammen in eine große Schüssel geben und vermengen.

In einer kleinen separaten Schüssel Öl, Zitronensaft, Honig, Salz und Pfeffer vermengen.

Das Dressing über den Salat geben und gut untermischen. Über Nacht ziehen lassen.

❤ Für die fettarme Variante das Öl mit 2 EL Wasser ersetzen.

Grüner Salat mit Mango-Dressing 💔

- ½ Kopfsalat
- ½ Römersalat
- 3 große Tomaten

- 1/2 Mango
- 1 Handvoll Cherrytomaten
- 1 Orange
- 1 Zitrone
- 1 Handvoll Koriander
- 2 kleine Zwiebel
- n.B. eine kleine Peperoni

Ungefähr die Hälfte der Blätter vom Kopfsalat und Römersalat abzupfen und zu mundgerechten Stücken schneiden. Die 3 großen Tomaten in grobe Würfel schneiden. Eine kleine Zwiebel fein würfeln. Alles zusammen in eine große Salatschüssel geben.

Für das Dressing:
Den Saft der Zitrone und Orange auspressen. Eine Mango schälen und ca. ein Drittel davon abschneiden. Wenn keine frische Mango vorhanden ist, können auch gefrorene Mangostückchen verwendet werden. Zwiebel schälen und vierteln. Diese Zutaten zusammen mit dem Koriander in einen Mixer geben. Solange pürieren bis keine Stückchen mehr vorhanden sind. Wer es etwas scharf mag, kann eine kleine Peperoni mit pürieren.

Nun das Dressing über den Salat geben, gut umrühren und genießen.

Rohkost Gemüse-Lasagne mit Pesto

- 1 Knollensellerie
- 1 Rote Bete
- 1 Möhre
- 10 getrocknete Tomaten
- 1 EL Haselnüsse
- 2 EL Olivenöl
- 1 Handvoll Pinienkerne
- 1 gestr. TL Pfeffer
- 2 Handvoll frischer Basilikum
- 1 Handvoll Sonnenblumenkerne
- 1 Handvoll Kürbiskerne
- 1 Msp. Chilipulver
- 1 TL, gestr. Salz
- 1 kleine Knoblauchzehe
- Wasser

Rote Bete schälen und in sehr dünne Scheiben schneiden.

Ebenfalls Sellerie und die Möhre in ganz dünne Scheiben schneiden. Man kann auch einen Hobel benutzen.

Für das rote Pesto:
Die getrockneten Tomaten klein schneiden. Pinienkerne, 1 EL Olivenöl, Chilipulver und ein Wenig Wasser dazugeben und mit einem Mixer pürieren.

Für das grüne Pesto:
Basilikumblätter und Knoblauch fein schneiden. Haselnüsse hacken. Die Zutaten in einem Mixer zusammen mit den Sonnenblumen- und Kürbiskerne, 1 EL Olivenöl, Salz, Pfeffer und ein wenig Wasser pürieren.

Etwas rotes Pesto auf dem Teller verteilen.

Nun abwechselnd das Gemüse darauf schichten.

Zwischen den Gemüseschichten abwechselnd das rote und grüne Pesto verteilen.

Gefüllte Champignons mit Erdnuss-Avocado-Creme

- 750 g braune Champignons
- 8 EL Mandelcuisine
- 1 Zitrone
- 1 TL Olivenöl
- 150 g Erdnüsse
- 1 Avocado
- 20 Blätter Basilikum
- 1 TL gemahlenes Kurkuma
- 1 TL Salz
- Pfeffer,
- n. B. gemahlenen Chili

Erdnüsse über Nacht in Wasser einweichen. Die Stiele von den Champignons ausbrechen.

In einer kleinen Schüssel Mandelcuisine, den Saft einer Zitrone und Olivenöl vermischen. Die Champignons in die Soße tauchen und von allen Seiten damit benetzen. Die restliche Soße in die Champignonköpfe geben und ca. 30 Minuten einziehen lassen.

Für die Erdnuss-Avocado-Creme-Füllung:
Die eingeweichten Erdnüsse zusammen mit einem Teil des Einweichwassers in einem Mixer pürieren. Die Basilikumblätter klein schneiden. Das Fruchtfleisch der Avocado und die Basilikumblätter zu der Erdnussmasse hinzufügen und nochmals das Ganze pürieren, bis keine Stückchen mehr vorhanden sind. Die geriebene Schale einer Zitrone und die Gewürze hinzufügen und noch einmal gut vermischen.

Die Soße aus den Champignons ausgießen und in die Avocadocreme geben. Das Ganze noch einmal vermischen. Jetzt die Champignons mit der Erdnuss-Avocado-Creme füllen und nach Bedarf mit Gewürzen oder Blättern garnieren und servieren.

Ruccola-Spinat-Salat mit Tahin Dressing

- 100 g Rucola
- 100 g Spinat
- 5 große Champignons
- n.B. 1 Zwiebel

- 1 EL Tahin
- 1 Zitrone
- 2 Knoblauchzehen
- ½ rote Paprika
- 3 Datteln
- 1 Stück Ingwer (ca. 2 cm)

Champignons in Scheiben schneiden und zusammen mit dem Rucola und dem Spinat in einer großen Salatschüssel miteinander vermischen. Nach Bedarf eine Zwiebel fein würfeln und unterheben. Ich persönlich verwende meist Zwiebeln für meine Salate, da rohe Zwiebel sehr antiviral ist.

Für das Dressing:
Die Zitrone auspressen. Paprika halbieren und entkernen. Knoblauchzehen und Ingwer schälen. Zitronensaft, Paprika, Knoblauch, Ingwer, Datteln und Tahin in einen Mixer geben und solange pürieren, bis keine Stückchen mehr vorhanden sind. Wenn das Dressing noch zu fest ist kann ein kleines bisschen Wasser hinzugefügt werden. Anschließend nochmal mixen.

Das Dressing über den Salat geben, gut vermischen und genießen.

Orangen-Dressing 💝

- 100 ml frisch gepresster Orangensaft
- 2 EL Honig
- 1 Beutel Salatkräuter (ohne Zucker, Gluten, Weizen o.ä.)
- 2 Stiele frische Petersilie
- n.B. eine kleine Zwiebel
- n.B. Salz und Pfeffer
-

Orangensaft in eine Salatschüssel geben. Den Honig solange unterrühren, bis er sich ganz mit dem Saft vermischt hat. Die Petersilie vom Stiel entfernen und fein hacken. Zusammen mit den Salatkräutern unter den Saft mischen. Nach Bedarf kann eine fein gewürfelte Zwiebel dazu gegeben werden und das Ganze mit Pfeffer und Salz abgeschmeckt werden.

Mango-Dressing 💝

- 1/2 Mango
- 1 Handvoll Cherrytomaten
- 1 Orange
- 1 Zitrone
- 1 Handvoll Koriander
- 2 kleine Zwiebel
- n.B. eine kleine Peperoni

Den Saft der Zitrone und Orange auspressen. Eine Mango schälen und ca. ein Drittel davon abschneiden. Wenn keine frische Mango vorhanden ist, können auch gefrorene Mangostückchen verwendet werden. Zwiebel schälen und vierteln. Diese Zutaten zusammen mit dem Koriander in einen Mixer geben. Solange pürieren bis keine Stückchen mehr vorhanden sind. Wer es etwas scharf mag, kann eine kleine Peperoni mit pürieren.

Getränke

Kardamom Latte

- ml Mandel oder glutenfreie Hafermilch
- 1/2 TL gemahlener Kardamom
- 1 Prise gemahlene Nelken
- 1 Prise Vanille-Extrakt
- 1 Hauch Muskat

Milch und Gewürze in einen Topf geben und aufkochen lassen. Einige Minuten ziehen lassen. Anschließend mit Honig oder Kokosblütenzucker würzen.

Chaga Latte

- 2 TL Chagapulver
- ½ TL Zimt
- ½ TL Kardamom
- 2 Tassen Mandelmilch
- 3 TL Honig

Mandelmilch, Chagapulver, Zimt und Kardamom in einen Topf geben und aufkochen lassen. Etwas abkühlen lassen und mit Honig süßen.

Der Chagapilz töten laut Anthony William Viren in der Leber, die wir leider fast alle bis zu dem einen oder anderen Grad in uns haben.

Leberfreude-Tee

- 1 EL Löwenzahnwurzeltee
- 1 EL Chaga-Mushroompulver
- 1 EL Thymiantee
- ½ EL Süßholzwurzel
- Honig

Löwenzahlwurzeltee und Chaga-Mushroompulver in 1 Liter Wasser geben und zum Kochen bringen. Herdplatte runter drehen und das Ganze einige Minute weiter erhitzen, ohne es zu kochen.

Den Tee von der Herdplatte nehmen, Thymiantee und Süßholzwurzel dazugeben und ca. 10-15 Minuten ziehen lassen.

Durch ein Sieb abgießen und mit Honig Süßen. ACHTUNG! Tee vorher etwas abkühlen lassen, da der Honig sonst an Wirkung verliert.

Orangensaft mit Spirulina

- 4 Orangen
- 1-2 TL hawaiianisches Spirulinapulver

Die Orangen auspressen. Und ein kleines bisschen des Saftes mit 1-2 Teelöffeln Spirulinapulver vermischen, bis keine Klumpen mehr vorhanden sind. Dann mit dem restlichen Orangensaft aufgießen.

Dieses Getränk ist sehr simpel in seiner Herstellung und sehr groß in seiner Wirkung. Es zählt zu meinen Lieblings Getränken. Manchmal nehme ich auch gekühlten fertigen Bio-Orangensaft, wenn es schnell gehen soll.

Spirulina wirkt sehr entgiftend. Was die Entgiftung angeht, geht meiner Meinung nach aber nichts über den Heavy-Metal-Detoxsmoothie von Anthony William.

Dieses Getränk nutze ich nur zusätzlich, weil es mir sehr gut schmeckt und mir mehr Spirulina gut tut. Es enthält neben seiner entgiftenden Wirkung sehr viele Vitamine und Mineralstoffe. Wenn man am Beginn seiner Entgiftung ist, sollte man aufpassen wie viel Spirulina man täglich verträgt, da Schwermetalle und Gifte dadurch im Körper mobilisiert werden und es viel Arbeit für den Körper ist sie dann auszuscheiden. Deswegen gilt es, eine Entgiftung sehr sachte und behutsam durchzuführen.

Der Heavy-Metal-Detoxsmoothie von Anthony William ist so abgestimmt, dass die mobilisierten Gifte dann auch erfolgreich ausgeleitet werden können.

Früchte-Eistee

- 2 EL Früchtetee (nicht aromatisiert)
- 1 Liter Wasser
- 1 EL Honig
- 500 ml Apfelsaft
- 500 ml roter Traubensaft
- 5 Zitronenscheiben

1 Liter Wasser aufkochen lassen, 2 EL Früchtetee dazugeben und ziehen lassen. Den Früchtetee abkühlen lassen und mit Honig süßen.

In ein Gefäß mit 2 Liter Fassungsvermögen absieben und den Apfelsaft, sowie den roten Traubensaft dazugeben.

Nun die frischen Zitronenscheiben mit hineingeben und vermischen.

Schmeckt gekühlt am besten.

Zitronenlimonade

- 250 ml frischer Zitronensaft
- 100 g flüssiger Honig
- 100 g Eiswürfel
- 1 Liter kaltes Wasser
- einige Zitronenscheiben

Die Zitronen auspressen und den Saft in einen Mixer schütten.

Nun Honig, Eiswürfel und das Wasser dazu geben und das Ganze sehr gut mixen.

In eine große Kanne oder einen Krug umfüllen und einige Zitronenscheiben dazu geben.

Beim Servieren können auch Zitronenscheiben an den Glasrand gesteckt werden.

Apfel-Minz Eistee

- 1 Liter Apfelsaft
- 1 Liter Wasser
- 10 g frische Minze
- 4 EL frischer Zitronensaft
- flüssiger Honig
- Eiswürfel
- Apfelscheiben und Minzblätter zum garnieren

Wasser zum Kochen bringen. Minzblätter dazugeben und 5 Minuten darin ziehen lassen. In einen Krug oder eine Kanne absieben und vollständig abkühlen lassen.

Apfelsaft, Zitronensaft und Eiswürfel dazu geben. Nach Bedarf mit Honig süßen und gut umrühren.

Zum Schluss einige Apfelscheiben und frische Minzblättchen in der Kanne geben.

Goldene Milch

- ½ TL Zimtpulver
- 1 EL Kurkumapulver
- ¼ TL Korianderpulver
- 1 TL Ingwerpulver
- 120 ml Wasser
- 1 Tasse Mandelmilch
- Honig
- ½ TL Kokosöl
- n. B. schwarzer Pfeffer

Für die Gewürzpaste:
Zimt, Kurkuma, Koriander, Ingwer und Wasser in einen kleinen Topf gegeben und bei schwacher Hitze für fünf Minuten köcheln lassen.
Die Paste in einem Schraubglas im Kühlschrank aufbewahren und innerhalb von drei Tagen aufbrauchen.

Mandelmilch in einen kleinen Topf geben und erwärmen. Nun 1 TL der Gewürzpaste dazugeben und gut verrühren. Nach Bedarf mit Honig süßen.

Jetzt das Kokosöl und nach Bedarf eine Prise schwarzer Pfeffer hinzugeben.

Dieses Getränk wirkt entzündungshemmend und immunsystemstärkend.

Ingwer-Kurkuma-Knoblauch-Shot

- 1 Handvoll Ingwer
- 1 Handvoll Kurkuma
- 4 Knoblauchzehen
- 2 Orangen

Die Orangen auspressen. Ingwer, Kurkuma und Knoblauch im Juicer entsaften und dem Orangensaft untermischen.

Die Mengen der Zutaten sind nur ungefähr Angaben, da es je nach Entsafter zu erheblichen Unterschieden der Saftmenge kommen kann.

Das Ganze vermischen und über den Tag verteilt trinken.

Bei mir wirkt es einer anfänglichen Erkältung hervorragend entgegen.

Ingwer-Orangensaft

- 4 Orangen
- 1 Stück Ingwer

Die Orangen auspressen.
Den Ingwer entsaften.

Beides miteinander vermischen und genießen.

Wenn es schnell gehen soll, kann man auch mal gekauften Bio-Orangensaft nehmen, den Ingwer entsaften und dazugeben.

Gerade wenn man es mit Viren zu tun hat, sollte man möglichst oft Ingwer zu sich nehmen.

Gurken Sellerie Saft

- 1 Stangensellerie
- 1 Gurke
- 1 Apfel
- 1 Zitrone
- 1 Stück Ingwer

Als erstes den Ingwer schälen und die Zitrone auspressen. Ingwer, Stangensellerie, Gurke und Apfel in einem Entsafter zu einem Saft zubereiten.

Anschließend Zitronensaft hinzugeben, umrühren und genießen.

Rotebeetesaft

- 4 Rote Bete
- 6 Möhre
- 2 Äpfel

Je nach Entsafter müssen die Zutaten klein geschnitten werden und die Äpfel entkernt werden.

Für die meisten Entsafter reicht es aus, wenn man die Äpfel und die rote Beete halbiert, die Möhren nur vom Grün befreit und dann alles nach und nach entsaftet.

Die Menge des Saftes ist sehr abhängig von der Qualität des Entsafters und der Größe der Zutaten.

Melonensaft

- 1 Wassermelone

So simpel und so lecker und gesund.

Einfach das Fruchtfleisch der Wassermelone in einen Entsafter geben und entsaften.

Wirkt Dehydrierung entgegen und hilft den wertvollen Glucosespeicher unserer Leber wieder aufzufüllen. Für diese Zwecke eignet sich auch hervorragend Gurkensaft. Dafür einfach eine Gurke in den Entsafter geben und genießen.

Es ist generell sehr gut alle Arten von frischen Säften zu trinken. Unser Körper kann die Nährstoffe, Mineralien und Vitamine aus Säften oftmals besser aufnehmen, als wenn wir die Frucht essen.

Tipps und Ideen

Wenn es morgens schnell gehen soll...

Wenn man morgens früh aufstehen muss um arbeiten zu gehen, hat man in der Regel weder Zeit noch Lust darauf, sich ein aufwendiges Frühstück zuzubereiten. Zumal der Selleriesaft und der Detox-Smoothie ja schon einige Zeit in Anspruch nehmen. Hierzu übrigens noch der Tipp: der Selleriesaft kann auch zu einem anderen Tageszeitpunkt getrunken werden, es sollte vorher jedoch 2 Stunden lang nichts gegessen worden sein. Auch der Detox-Smoothie muss nicht zwingend morgens getrunken werden. Wenn es die Zeit nicht zulässt ist es wesentlich besser diese Dinge zu einem anderen Zeitpunkt zu sich zu nehmen, als sie ganz weg zu lassen.

Doch zurück zum Frühstück.... Was natürlich immer schnell geht ist glutenfreies Hafermüsli mit Früchten. Auch kann man sich verschiedene Smoothies oder den Bananenmilchskake sehr schnell zubereiten. Aber wer morgens Gebäck essen möchte und Zeit sparen will, hat folgende Möglichkeit:

Am Wochenende Brot und Muffins backen und einfrieren. Dann jeden Abend einfach die gewünschte Menge aus dem Tiefkühlschrank nehmen und morgens das aufgetaute Gebäck nutzen. Wem das Brot backen in diesem Buch für jedes Wochenende zu aufwendig ist, dem gebe ich den Tipp: Schau dich mal in Reformhäusern und Bioläden um, in manchen gibt es Backmischungen ohne Mehl, bei denen man nur noch Wasser hinzufügen muss. Auch gibt es in diesen Läden vegane Brotaufstriche zu kaufen, die nur "erlaubte" Lebensmittel enthalten.

Wer morgens lieber Joghurt isst, der kann im Reformhaus oder Bioladen nach Lupinen- oder Kokosjoghurt suchen und diesen morgens mit Honig, Früchten oder ähnlichem verfeinern.

Alternativen zu Getreide, Zucker und Milchprodukten

Alternativen zu Weizen, Roggen, Dinkel & Co.:

- glutenfreies Hafermehl
- Vollkornreismehl
- Kastanienmehl
- Kartoffelmehl
- Kichererbsenmehl
- Teffmehl
- Kokosmehl
- Mandelmehl

Alternativen zu Milch und Joghurt:

- Glutenfreie Hafermilch
- Mandelmilch
- Hirsemilch
- Cashewmilch
- Haselnussmilch

- Lupinenjoghurt
- Kokosjoghurt
- Cashewjoghurt
- Selbstgemachter Joghurt (siehe oben)
- Wenn keine Entzündungen vorliegen geht auch gentechnikfreier purer Sojajoghurt

Alternativen zu Zucker:

- Honig
- Ahornsirup
- Kokosblütenzucker
- Dattelzucker

Alternativen zu herkömmlichen Nudeln:

- Nudeln aus braunem Reis
- Kichererbsen Nudeln
- Grüne Erbsen Nudeln
- Kelpnudeln

Lieber Leser!

Produktrezensionen sind die Grundlage, um bei Amazon erfolgreich verkaufen zu können.
Du würdest mir sehr helfen, wenn Du mir eine Rezension hinterlässt.

3 Kundenrezensionen

⭐⭐⭐⭐⭐ 5,0 von 5 Sternen ⌄

5 Sterne	████████████	100%
4 Sterne		0%
3 Sterne		0%
2 Sterne		0%
1 Stern		0%

Dieses Produkt bewerten

Sagen Sie Ihre Meinung zu diesem Artikel

[Kundenrezension verfassen]

Dafür einfach bei Amazon einloggen, mein Buch aufrufen, nach unten scrollen und auf den Button "Kundenrezension verfassen" klicken um Bewertung abzugeben.
Herzlichen Dank!
Deine Marion

Nachwort

Leider höre ich immer wieder von Menschen die unter Symptomen leiden, dass sie es nicht schaffen sich an die Ernährungsempfehlungen von Anthony William zu halten. Ich verstehe natürlich, dass es eine Umstellung ist und für viele gar nicht so einfach ist. Aber ich möchte an dieser Stelle noch mal Mut machen. Es lohnt sich einfach wirklich, sich daran zu halten! Seitdem ich mich an diese Ratschläge halte, geht es mir signifikant besser. In der Anfangszeit habe ich mich sehr gut an alles gehalten, ich hatte auch glutenfreien Hafer und die anderen "guten" Getreidesorten vollständig weggelassen. Es gab auch keine Ausnahmen im Restaurant, z.B. doch mal Rapsöl oder ähnliches. Mir ging es viel besser damit. Dann als nach jahrelangem Leiden, binnen einiger Monate die meisten der Symptome verschwunden waren, wurde ich leichtsinniger, ich fing an mit "gutem" Getreide, erlaubte mir mal im Rapsöl frittierte Pommes, naschte ein kleines Stück Milchschokolade usw. Das verursachte neben dem Stress, den ich zeitgleich hatte, einen großen Einbruch in meiner Heilung.

Ich teile das mit dir, um dir vor Augen zu führen, wie wichtig die richtige Ernährung bei der Heilung ist. Natürlich ist jeder Fall anders und für jeden ist prinzipiell etwas Anderes gesund oder ungesund, aber für mich ist klar, mit Viruslast oder mysteriösen Symptomen, werde ich mich lieber strikt an die Ernährung nach Anthony William halten, denn meine Gesundheit ist wichtiger als alles andere.

Ich wünsche dir von Herzen, dass du den Weg gehst, der für dich am besten ist und dass du stets gesund bist.

<u>Dank</u>

Danke an Mata Amritanandamayi, durch deine Führung habe ich das Wissen von Anthony William erhalten, danke für deine Liebe und Hilfe.

Danke an Spirit für die Gnade, der Menschheit das nötige Wissen über Krankheit und Heilung zu bringen. Danke, dass Du mir hilfst und danke, dass ich dieses Buch schreiben durfte.

Danke ganz besonders an Anthony William, ich bewundere dich zutiefst für deine Mission und danke dir sehr für all das, was du auf dich nimmst, um uns zu helfen.

Danke an alle essential Angel und unknown Angel, danke an alle Lichtwesen die uns helfen.

Danke an meinen strahlenden Partner Tim für all deine Liebe, Unterstützung und Geduld, dein positives, friedliches, gütiges Wesen und dein Sein.

Über die Autorin

Mein Name ist Marion Jaganmayi Holländer.
Marion nannten mich meine leiblichen Eltern. Den spirituellen Namen Jaganmayi gab mir meine spirituelle Meisterin Mata Amritanandamayi (Amma) in Indien.

1987 bin ich als eines der ersten Indigokinder, auf diesen wunderschönen Planeten inkarniert. Als kleines Kind war mir bewusst, dass ich aus anderen Welten gekommen bin und die Erde nicht mein wahres Zuhause ist. Ich erinnere mich noch gut daran, wie ich das im Kindergarten erzählt habe. Ich hatte niemanden in meinem Umfeld, der mich verstanden hat und habe keine "spirituelle" Erziehung genossen. Dann traf für ein paar Jahre das Vergessen ein, bis ich ca 14 Jahre alt wurde. Ich habe mich zwar irgendwie "anders" gefühlt, aber ich war im Unbewussten gefangen. Doch allzeit, hatte ich den für Indigokinder typischen Freiheitsdrang und schon als sehr junges Kind den unbändigen Drang Regeln, die mir nicht sinnig oder ungerecht erschienen, ungeachtete der Konsequenzen zu brechen. Zumal das aufgrund meines Wassermann-Wesens noch verstärkt in Erscheinung traf. Wer sich mit Astrologie auskennt, weiß was eine Wassermann Sonne mit Uranus im 1. Haus bedeutet.

Mit ca. 14 Jahren hatte ich von jetzt auf gleich wieder bewussten Kontakt zur geistigen Welt. Es war mir, wie als würde mir Wissen und Erklärungen von dort vermittelt werden, allerdings ohne das, was wir als "Sprache" kennen. Ich spürte, dass ständig ein lichtvolles geistiges Wesen bei mir war, was mich beschütze, führte und lehrte und ich kommunizierte regelmäßig mit ihm. In meiner Jugendzeit fielen mir dann Goethe und die Veden in die Hände, was mich sehr beflügelte und mir Mut machte. Denn bis dato dachte ich, dass ich der einzige Mensch sei, der die Dinge so sieht, was mich zwar nicht davon abhielt, in meiner Sicht zu bleiben, aber was auch nicht immer so leicht für mich war, so alleine damit zu sein. Zum Beispiel habe ich meine Freunde und Familie in eine Engelserscheinung oder Gotteserfahung eingeweiht, weil ich in meinem so empfundenen Glück das dringende Bedürfnis hatte, diese Glück zu teilen, doch es wurde in der Regel vollkommen anders aufgefasst als erwünscht.

Nun soll man nicht meinen, dass meine Jugendzeit "fromm" oder ähnliches war. Sie war sehr wild und rebellisch. Irgendwann habe ich dann doch mein Abitur und eine Ausbildung als Erzieherin gemacht, weil ich einfach nicht genau wusste, was ich sonst machen sollte. Ich hatte aber gefühlt, dass dies (außer der Kontakt mit den Kindern) nicht wirklich meinem Wesen entsprach. Ich war deswegen in gewissem Sinne froh, als ich dann von meiner Chefin gefeuert wurde, nachdem ich sie wegen Kindesmisshandlung bei der Heimaufsichtsbehörde meldete.

Denn mein Herz schrie danach, nach Indien zu gehen. Was ich dann auch unvermittelt tat. Dort lernte ich meine Meisterin Amma kennen und lebte ein Jahr in ihrem Ashram. Durch Amma habe ich übrigens auch das Wissen von Anthony William kennen gelernt, ich bat sie persönlich um Hilfe, als ich nach jahrelanger Krankheit und unzähligen Versuchen zu heilen (allgemeine Medizin, ayurvedische Medizin, chinesische Medizin, Heilpraktiker, Homöopathie, Schamanen, Holistische-Therapie, Dunkelfeld Mikroskopie, Reiki, Energetische Heilung, MMS, ...) immer noch keine Hilfe fand.

Als ich aus Indien wieder nach Deutschland kam, war ich wesentlich mehr mit mir selber verbunden als vorher. Ich erlernte das Werkzeug der Hypnoanalyse und zog einige Jahre später nach Balduinstein, um in der Nähe von der Avatara Mutter Meera zu leben. Jetzt habe ich die riiiiesige Gnade, bei ihren Kindermeditationen an den Wochenenden mitzuhelfen. Ich habe es immer sehr geliebt, mit Kindern zu "arbeiten", ich habe einen sehr speziellen Draht zu Kindern, besonders zu Indigo und Kristallkindern. Und immer mehr der jüngeren Generation sind, bewusstere Seele. Sie läuten das goldene Zeitalter an. Das Kali-Yuga (dunkle Zeitalter) neigt sich dem Ende zu. Ich bin dankbar in dieser besonderen Zeit inkarniert zu sein und meinen Teil des Dienstes an der Menschheit tun zu können. Und nein, ich bin nicht heilig und nein ich bin kein Heiler, zu mindest nicht mehr als DU!

Ich habe meine Ecken und Kanten, Macken, Marotten und Unbewusstheiten. Manche Bereiche meines Lebens habe ich ganz gut gemeistert und ganz tolle Werkzeuge bekommen, den Menschen zu helfen, sie auch zu meistern. So bin ich heutzutage von Beruf "ich selber" und verhelfe so, als Mensch und Coach Anderen zu mehr geistiger, emotionaler, körperlicher und finanzieller Freiheit. Als Hypnoanalytikerin und Hypnosecoach, bin ich Kooperationspartnerin der Hebammen des Geburtshauses Lebensstern in Diez. Ich biete aber auch Fern-Sitzungen zum Thema finanzielle Freiheit an. Für die meisten anderen Themen ist es nötig, persönlich zu mir zu kommen, da ich um effektiv helfen zu können, die Menschen in Trance begleite um eine Regression durchzuführen. Genau genommen hypnotisiere ich die Menschen in diesem Moment nicht, sondern ich de-hypnotisiere sie. Ich helfe ihnen, sich selber von alten Programmen, die ihrem wahren Wesen im Wege stehen zu befreien.

Für weitere Infos oder Hilfe zu mehr Freiheit:

www.marion-hollaender.de
www.hypnose-hollaender.de
www.entspannte-nichtraucher.de

Verbinde Dich mit mir auf Facebook. Meine offizielle Facebookseite heißt "Marion Holländer"

Impressum

Buch:
Inspiriert durch Anthony William
108 Rezepte
vegane, glutenfreie, sojafreie & zuckerfrei Rezepte
für Frühstück, Hauptmahlzeiten, Desserts & Getränke

ISBN: 9781686378454

Autorin:
Marion Holländer

Adresse:
Hauptstraße 38
65558 Balduinstein

kontakt@marion-hollaender.de

Erstauflage 2019

Cover: Marion Holländer

Printed in Germany
by Amazon Distribution
GmbH, Leipzig